오토다케의
인생 문답

OTOKOTOBA
copyright © 2011 OTOTAKE Hirotada

Original Japanese edition published by Bungeishunju Ltd, 2011.
Korean translation rights arranged with Bungeishunju Ltd.
through Timo Associates Inc., Japan and PLS Agency, Korea.
Korean edition published in 2013 by DAON BOOKS, Korea.

이 책의 한국어판 저작권은 PLS를 통한
저작권자와의 독점 계약으로 다온북스에 있습니다.
신저작권법에 의하여 한국어판의 저작권 보호를 받는 서적이므로
무단 전재와 복제를 금합니다.

오토다케의
인생 문답

오토다케 히로타다 지음
박은희 옮김

다온북스

머리말

'트위터? 뭔지 잘 모르지만 왠지 귀찮을 것 같은데….'
 이런 속내를 감춘 채 쭈뼛쭈뼛 첫 트위트를 올렸던 때가 2010년 6월이다.
 "오! 팔로어 몇 명한테서 벌써 반응이 왔네." "오! 팔로어가 늘어났잖아." "오! 댓글이 달리기 시작했어."

 그로부터 벌써 일 년 반이 지났다. 많은 사람들과 가볍게 대화를 나누기 위해 시작한 트위터는 이제 내 생활의 일부가 되어 있다.
 아침에 일어나면 '좋은 아침!' 외출할 때면 '잘 다녀오세요!' 일을 마치고 나서 트위트를 올리면 '수고하셨어요' 잠들기 전에는 '잘 자요~' 등 매일 전국 각지로부터 (심지어 해외에서까지!) 도착하는 따뜻한 말과 빙긋 웃게 만드는 농담을 주고받으면서 국경을 초월해 많은 친구를 사귀게 되었다.
 때로는 이런저런 대화를 나누다가 뜻밖의 토론이 벌어지기도 했다. 장애와 차별어, 교육에 대한 주제를 갖고 말이다. 글을 올리면 내 의견에 의문을 가진 사람이 반대 의견을 올린다. 그러면 거기에 내가 다시 댓글을 단다. 그렇게 해서 많은 사람들의 의견이 모아지는 것을 보면서 모두 그 주제에 대해 고민해보는 계기가 되었다는 생각이 들었다.

트위터를 시작한 지 얼마 지나지 않았는데, 팔로어한테서 상담이 들어오기 시작했다.

'도저히 힘이 나질 않아요. 어떻게 하면 좋을까요?'

'좋아하는 사람이 생겼는데, 저의 이런 마음을 어떻게 전해야 할까요?'

'산다는 것의 의미가 무엇일까요?'

놀랐다. 이처럼 많은 사람들이 다른 사람한테서 조언받기를 원하고 있다니 생각조차 못했던 일이다. 어느 때는 이들의 고민에 대한 내 대답이 차갑고 냉정하게 느껴졌을 수도 있다. 그런 와중에 내 머릿속을 떠나지 않는 의문 하나가 있었다.

'다른 사람한테서 얻은 조언에 따라 살아가는 것, 그것을 인생이라고 부를 수 있을까?'

나는 3년간 초등학교 교사로 근무했다. 아이들은 솔직하고 귀여웠다. 하지만 스스로 생각하고, 스스로 해답을 찾아내는 데는 서툴렀다. 아이들은 선생님한테서 얻은 답을 유일한 '정답'이라고 철석같이 믿고 행동했다. 그래서 아이들이 질문하면 언제나 이렇게 대답해줬다.

"스스로 잘 생각해보렴."

트위터에서도 같은 자세로 임하고 있다. 물론 살다 보면 혼란스러울 때도 있고, 종종 괴로울 때도 있다. 어느 쪽으로 가야 할지 방향을 잃고 헤매는 경우도 있다. 하지만 결국 스스로 해답을 찾아 자신의 힘으로 걸어가야만 한다.

다른 사람의 손을 잡아끌면서 "이쪽이에요"라고 말하는 것은 주제넘은 짓이다. 하지만 사람들은 나라는 사람에 의지해 어렵사리 용기 내어 상담을 청해 온 것이다. 그렇다면 적어도 '나 나름'의 답을 건네주는 것이 도리가 아닐까 생각한다.

이런 마음가짐으로 시작한 사람들과의 대화가 주제별로 정리되어 나온 것이 바로《오토다케의 인생 문답》이다.

앞으로 당신이 풍요로운 인생을 살아가는 데 이 책이 조금이나마 도움이 되기를 바란다.

오토다케 히로타다

Contents

머리말 - 4

- 1장 • 나, 오토다케에 관한 것 - 9
- 2장 • 아저씨 오토다케의 인생 상담 - 57
- 3장 • 지진 등 어려움에 맞서는 자세 - 95
- 4장 • 아이들을 위한 교육이란 - 123
- 5장 • 가족에 관한 것 - 169
- 6장 • 장애, 차별, 자학? - 205
- 7장 • 맺음말 - 255

＊이 책은 저자가 2010년 6월부터 인터넷상의 커뮤니케이션 서비스 '트위터'에 게재한 트위트 그리고 저자가 받은 다양한 트위트와 메시지를 바탕으로 재구성한 것이다. 게재된 모든 트위트와 메시지는 익명으로 했으며, 사전에 허가받은 것을 게재했다. 다만 일부 휴면 혹은 삭제 계정의 발언에 대해서는 표현을 바꿔 게재한 것도 있다. 일부 차별이라고 느껴질 수 있는 말투가 있으나, 저자의 의도를 헤아려 그대로 게재했다.

1장

나, 오토다케에 관한 것

오토다케 씨, 이런 질문을 해도 되나요? ❯❯❯

어린 시절에 자포자기했던 적은 없나요?

'왜 하필 나야. 나에게도 손발을 달라고!'라는

생각을 해보지 않았나요?

● 없어요! 저는 항상 즐거웠는걸요.

저는 '오체만족'으로 자란 평범한 인간입니다. ◑◐◑
오토다케 씨는 자신이 신체적 장애를 갖고
태어난 것에 대해 부모님께 폐를 끼쳤다거나,
죄송스럽다고 생각해본 적이 있나요?

누군가의 도움을 받지 않으면 ◑◐◑
스스로 아무것도 할 수 없다는 것에 대해 어떻게 생각하나요?

◐ 그런 적은 없어요. 다만 이런 성격인 걸 죄송스럽게
 생각한 적은 많았지만… ^0^

◐ '피장파장' 정신! 제가 할 수 있는 일로
 주변 사람들에게 은혜를 갚아나가면 되지 않을까요….

삶에 대해 심각하게 고민한 적이 있나요?? ○○○

오토다케 씨는 죽고 싶다는 생각을 해본 적이 있나요? ○○○

◐ 예전부터 하고 싶은 게 너무 많아서 그런지
심각하게 고민해본 적이 없네요.

◐ 다행히도(?) 아직까진 한 번도 없어요. ♪

어렸을 때 다른 부모들이 자신의
아이를 꾸짖으면서 "저기 좀 봐, 엄마
말 안 들으면 저렇게 되는 거야"라고
곁눈질로 나를 보며 말했던 것이 생각났다.
슬프다거나 억울하다기보다는 그저
부모님께 죄송하다는 생각이 들었다.

내 생일이다!! 35세가 되는 날
휴대폰이 울리더니 '문자 수신 중'이라는
메시지가 떴다. '도대체 누굴까?
이렇게 나를 두근두근 설레게 한 사람은?' (*^.^*)
설레는 마음으로 버튼을 눌렀다. 그러자
'우아하고 럭셔리한 부인이 당신을 기다리고
있습니다' 라는 스팸 문자가 떴다. www

스물한 살 때 주의력결핍과잉행동장애(ADD/ADHD)*라는 ◐◐◐
진단을 받았습니다. 스물네 살의 사회인이 된 지금도
'침착하지 못하다' '이상한 녀석이다'라는 소리를 자주 듣습니다.
오토다케 씨는 '평범해지고 싶다'라는 생각을
해본 적이 있나요?

• **ADHD(Attention Deficit/Hyperactivity Disorder, 주의력결핍/과잉행동장애)**
아동기에 많이 나타나는 장애로 주의력이 부족해 산만하고 과다활동, 충동성을 보인다.

◯ 생각해보지 않았어요!
도대체 '평범'이란 의미가 정확하게 무엇인가요?
저는 그걸 잘 모르겠어요!

  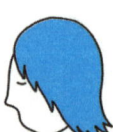 

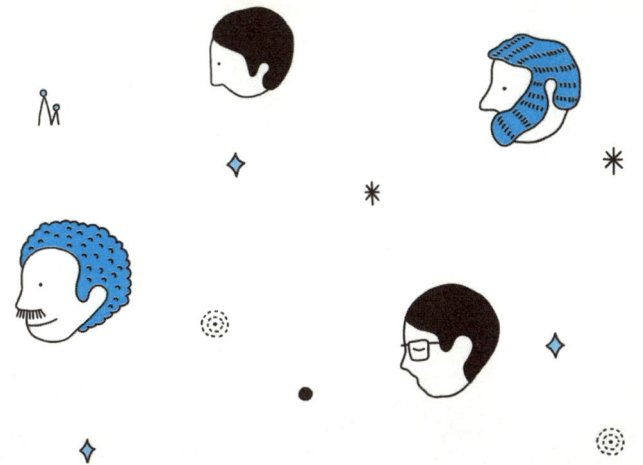

오토다케 씨는 열여덟 살 때 어떤 일이 있었나요? ◐◐◐

오토다케 씨는 스무 살 때 무엇을 했나요? ◐◐◐

◐ 사랑에 완~전히 미쳐 있었어요. ㅋㅋ

◐ 나 자신에 대해 알고자 하는 것과
노는 것에 그야말로 필사적이었어요.

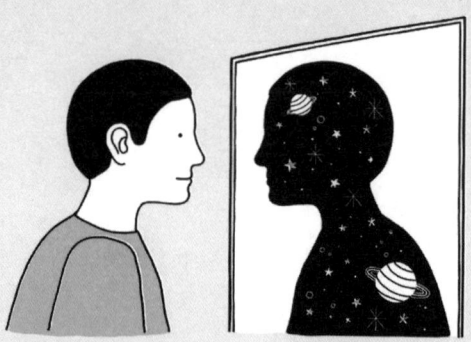

와세다대학교에 가길 잘했다고 생각하나요?? ❍❍❍

오토다케 씨는 자신의 머리가 좋다고 생각하나요? ❍❍❍

오토다케 씨는 '융통성이 있다 혹은 없다'의 차이가 ❍❍❍
무엇이라고 생각하나요?
그리고 융통성 있는 사람이 되려면
어떻게 해야 한다고 생각하나요?

- 자신의 현 위치에 만족하고 긍정적으로 생각한다면,
  과거에 지나온 길도 긍정적인 시선으로
  바라볼 수 있을 거라고 생각해요.

- 머리회전은 빠른 편이라고 생각해요.
  하지만 박학다식하지 않은데,
  아마 공부를 게을리 했기 때문일 거예요. (^o^;)

- 좁은 세계에 자신을 가두지 말고 바쁘게
  돌아다니면서 여러 사람들과 만나고
  다양한 가치관을 접해봐야 한다고 생각해요.

《오체불만족》을 읽었어요. ◐◐◐
만약 과거로 돌아간다면
출판을 망설이지 않았을까요?

오토다케 씨가 유명인이 되어 ◐◐◐
지금과 같은 인생을 살고 있는 것은
장애를 가졌기 때문이라고 생각합니다.
그 점에 대해서는 어떻게 생각하나요?

🔵 출판하고 3년 정도 그런 생각을 했지만,
지금은 긍정적으로 생각할 수 있게 됐어요.
그 책 덕분에 많은 사람들을 만날 수 있었거든요.

🔵 신체적 장애로 '이런 몸을 가진 나만이
할 수 있는 일을 하자!' 라는 것을 깨달았기 때문에
고맙게 생각하고 있습니다.

오토다케 씨는 《오체불만족》을 출판한 후부터 ◐◐◐
장애인을 대표하는 대표자 역할을 하고 있는데,
그중 괴로웠고 즐거웠던 일에 어떤 것이 있나요?

텔레비전에 출연해 시청자한테 ◐◐◐
전달하고자 했던 것은 무엇인가요?

◐ 장애인을 대표해야겠다는
선택을 한 적은 한 번도 없어요.
오히려 그렇게 되지 않도록 피해왔죠.

◐ '모두 달라서, 모두 좋다!'라는 메시지입니다.

올림픽을 취재하러 시드니에 갔을 때 현지에 거주하고 있던 일본인 카메라맨한테 "그들은 시청률을 높이기 위해 너를 이용하는 것뿐이라고!"라는 소리를 들었다. 하지만 그 사람한테 감사하고 싶은 마음뿐이다. 매사에 지기 싫어하고 기가 센 나는 그 말을 듣고 '반드시 기자로서 좋은 기사를 써서 보여줄 거야!'라고 투지를 불사를 수 있었기 때문이다.

다음에 나온 글은 오토다케가 언급한 단어와 비슷한 말을 팔로어가 댓글로 달고, 오토다케가 다시 그들의 말을 받아치는 일종의 말장난이다.

아, 인터넷서점 아마존(Amazon)에
《괜찮아 3반》˙ 리뷰가 5건이나 늘었어!
정말 기뻐! o(^▽^o)(o^▽^)o

• 괜찮아 3반 일본어로 '다이조부, 3쿠미'

➤ 나도 '괜찮다 3반'* 살게요! (￣▽￣) ◐◐◐

➤ 나도 '괜찮아, 양쿠미'** 살 거예요. ◐◐◐

➤ 음…, 책 제목이 '추첨 3조'*** 였던가요? ◐◐◐

➤ 평가가 이렇게 좋다니, 나도 한 권 사야겠군요! '대정부 3조'**** ◐◐◐
말이에요.

* **괜찮다, 3반** 일본어로 '다이조부다, 3쿠미'
** **괜찮아, 양쿠미** 일본어로 '다이조부, 양쿠미'
*** **추첨 3조** 일본어로 '추센 3쿠미'
**** **대정부大情婦 3조** 일본어로 '다이조후 3쿠미'인데 여기서 대정부는 아내가 아니라 정이 들어 깊이 사귀는 여자를 말한다.

● 그, 그건 시무라켄…(ㅜㅜ)[•]

● 그 트레이닝복 입고 안경을 쓴… 바로 그?^{••}

● 아싸~, 엄마, 나 당첨됐어!(´▽`)/… 뭐라고?!^{•••}

● 프랑스서원에서 절찬 발매 중(´ε`)^{••••}
　　　　　　　│
　　　프랑스서원이라고 트위트를 올린
　　　직후부터 팔로어가 급감하기 시작함 (^o^;

　• 일본 개그맨 시무라켄이 진행하던 프로그램 제목이 '괜찮다(다이조부다)'였다.
　•• 양쿠미, 일본 드라마 〈고쿠센〉에 등장하는 극중 여선생의 캐릭터 이름으로 3쿠미와 양쿠미의 뒷글자가 같다.
　••• 일본어로 3반과 3조의 발음이 같은데 《괜찮아 3반》 중에서 3반 부분만 갖고 말장난을 한 것이다.
　•••• 프랑스서원, 일본의 대표적인 에로소설 출판사로 '대정부'의 일본어 발음이 '다이조후'다.

오토다케 씨는 완~전히 내 타입이에요. ✦✦✦

- **야호!** (´▽`)/

오토다케 씨, 스타킹* 있어요. ○○○

오토다케 씨, 다이빙** 할래요. ○○○

오토다케 씨, 채무*** 가 있어요…. ○○○

- * **스타킹** 일본어로 '타이츠'
- ** **다이빙** 일본어로 '다이부'
- *** **채무** 일본어로 '사이무'

● 야호!(´▽`)… 근데 누가 은행 강도*라는 거야?

● 야호!(´▽`)… 근데 내가 도톤보리강**이야?

● 야호!(´▽`)… 근데 누가 빚쟁이***라는 거야?

• **은행 강도** 은행 강도들이 스타킹을 뒤집어쓰고 범죄를 저지르는 모습을 연상해 한 말이다.
•• **도톤보리강** 도톤보리 다이빙, 오사카의 에비스바시에서 도톤보리강으로 뛰어드는 행위로 1985년 한신타이거즈가 우승했을 때 응원하던 팬들이 세러모니로 강에 뛰어들면서 유명해졌다.
••• **빚쟁이** 채무, 빌린 것을 갚아야 하는 의무를 진 사람이다.

오토다케 씨의 와이프* 예요. ◐◐◐

오토다케 씨, 체포** 하겠어요. ◐◐◐

오토다케 씨, 타이코*** 예요. ◐◐◐

- **와이프** 일본어로 '와이후'
- **체포** 일본어로 '타이호'
- **타이코** 일본어 발음을 흉내 낸 것으로 사람 이름이다.

● 야호!(´▽`)/ … 그럼 나는 허즈번드겠군요!

● 야호!(´▽`)/ … 하지만 나에게 수갑을 채울 수는 없을 걸.(￣_+￣) 히죽

● 야호!(´▽`)/ … 아니, 누가 타라 짱의 엄마야!
                    ↓
아아, 타라 짱과 이쿠라 짱*을 헷갈렸다. ||||(-_-;)|||||| 잠이나 자러 가야겠다….

• 일본 애니메이션 〈사자에씨〉에 나오는 인물로 이쿠라 짱의 엄마가 타이코, 타라 짱의 엄마가 사자에다.

친근감 있게 '오토 씨'라고 불러도 될까요? ◐ ◐ ◐

그야 물론이죠!

그러면 오토 씨라고 쓰고,
'아저씨'라고 읽는 건가요?

◯ 친구들한테는 '**아저씨**' 혹은
'**변태 안경남**'이라고 불리고 있습니다. ㅋㅋ

오토다케 씨만의 여자를 유혹하는 법을 가르쳐주세요! ◐◐◐

관계없는 질문이지만, 오토다케 씨도 야한 생각을 하나요? ◐◐◐

🡆 (￣_+￣) 히죽

언제나 밝고 기운 넘치는 오토다케 씨의 모습이 ◐◐◐
마치 태양 같아요. 어떻게 하면 그렇게 될 수 있나요?
저는 언제나 부정적이거든요. (;_;)

🔸 부정적이면 뭐 어때요! 노무라 카츠야˙는 "여기까지
올 수 있었던 것은 내 부정적인 성격 때문이었다"라고
말했는걸요. 게다가 항상 밝고 기운 넘치는
태양 같은 사람은 상대하기가 어려워요.

• **노무라 카츠야** 일본의 전 프로야구 선수, 감독, 야구해설가, 야구평론가

저처럼 콘크리트 블록 아래나 숨어 있을 법한, ❯❯❯
음침한 아이는 어떤가요? (´△`)

🔵 오히려 좋아해요! 저는 주변의 빛으로 말미암아
빛나는 달과 같은 존재한테 강하게 끌립니다.

일단 '음침한 아이'는 듣기에 기분이 나빠요.
제대로 말하면 '자신을 표현하는 것에
서툰 아이'가 맞는 말이겠죠.
아이의 그런 부분을 바르게 고쳐주는 것이
주변의 어른들이 해야 할 일이라고 생각해요.
분명 그것을 귀찮아하는 사람들이
'밝은 아이 만세!'라고 주장할 거예요.

하지만 교실에 붙어 있는 급훈을 보면
당당하게 '밝은 사람이 되자'라는 말이 적혀 있죠.
공교육이 그런 가치관을 아이들한테
강요해도 좋은 건지 모르겠어요.
음침한 아이가 뭐 어때서요? 난 좋기만 한데!

결국 오토다케 씨는 에로틱하다는 건가요? ◐ ◐ ◐

◯ (—ㅅ—) 에헴!

좋아하는 단어 두 가지만 알려주세요. ◐◐◐

게이에 대해 어떻게 생각하는지 알고 싶어요. ◐◐◐

지금껏 텔레비전 등 매스미디어에서 보고 느꼈던 ◐◐◐
오토다케 씨의 이미지가 무너지는 것 같아요.
이게 바로 오토다케 씨가 트위터의 목적이라고 말한
상호이해라는 거군요.

- "고마워!"와 "오토다케 씨, 잘생겼네요." (거~짓말)

- 나는 여자를 엄청 좋아하지만 ㅋㅋ
  동성만 사랑하는 사람을 만나도 별로
  거부감 같은 건 없어요. "모두 달라서, 모두 좋다!"

- 미디어를 통해 알려진 '오토다케 히로타다'라는
  인간은 너무 한쪽으로 치우쳐 있어
  숨이 막힐 지경이에요. (^o^;

최근 일주일에 한 번 정도
신주쿠로 놀러간다.

🔸 잘 들으라고! 사실 난 손이랑 발이 없어.
이건 오프더레코드˙야. RT˙˙하면 그것으로 '끝'인 줄
알라고. (￣—+￣) 히죽

• **"오프더레코드야" "끝인 줄 알아"** 동일본대지진이 일어나고 2011년 7월 마쓰모토 류 일본 부흥담당상(당시)이 미야기현 지사를 질책한 사건에 대해 매스컴에 "지금 한 말은 오프더레코드입니다. 기사로 나갔다간 그 회사는 끝인 줄 알라고요"라고 못을 박았다. 그 발언이 전해지면서 문제가 제기되었고 부흥담당상은 사퇴했다.
•• **RT** 리트위트의 약어로 트위터에서 어떤 사람의 트위트를 인용 형태로 재발신하는 것인데, 어떤 의견을 널리 알리고 싶을 때 사용하는 경우가 많다.

어머, 큰일이네요. 《오체불만족》에서 ◆◆◆

이미 폭로되었거든요!!

● 뭐라고요… (￣ㅁ￣;) !!

· 2장 ·
아저씨 오토다케의 인생 상담

사람을 처음 만날 때, 어떤 마음의 준비가 필요한가요? ◐◐◐

◯ 자신을 숨기려고 하지 말 것!

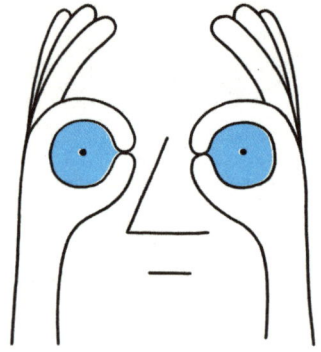

낯가림이 상당히 심해 사람을 사귀는 데 오래 걸리는 편인데, ❂❂❂
어떻게 하면 고칠 수 있을까요?

제 마음을 알아줬으면 하는 사람이 그러지 않았을 때 ❂❂❂
외로움이 밀려와요. 이런 경우 어떻게 하면 좋을까요?

- 충분히 시간을 두고 서로를 이해해가는 것도
  결코 나쁘지 않다고 생각해요!

- 먼저 자신이 상대의 마음을 잘 헤아리고 있는지부터
  생각해보면 어떨까요.

기운도 없고 의욕도 없을 때 어떻게 이겨내나요? ❍❍❍

오토다케 씨는 기분이 가라앉고 저기압일 때 ❍❍❍
어떻게 끌어올리는지 알려주세요.

자신과의 싸움에서 지려고 할 때 어떻게 하나요? ❍❍❍

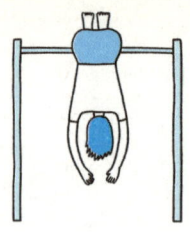

🔵 뭔가 하려고 하기보다는
무기력한 채로 지내요.

🔵 억지로 뭔가를 하려고 무리하지 말 것!
한동안 솔직하게 가라앉은 채로 지내는 것도 괜찮아요.

🔵 항상 자신과의 싸움에서 져요 ㅋㅋ

갑자기 마구 짜증이 날 때는 어떻게 하나요?

눈물이 날 정도로 억울할 때는 어떻게 하면 좋을까요?

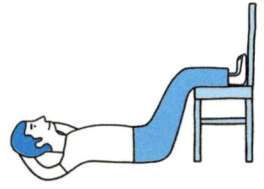

◐ 왜 짜증이 날까 이유를 분석하거나
고민하지 않고 그냥 자요!

◐ 눈물이 나면 그냥 울면 되죠.
그것도 "엉엉" 하고 소리 내어 실컷 말이에요!

세상에서 다툼이 없어지려면 무엇이 필요할까요? ◐◐◐

자신의 말과 행동이 모순된다는 걸 깨달았을 때 ◐◐◐
오토다케 씨는 행동을 바꾸나요, 아니면 말을 바꾸나요?

자신이 잘할 수 있는 것을 어떻게 찾아내죠? ◐◐◐

- 눈앞에 있는 상대가 자신과 관점이나 신념, 언어, 문화, 종교 등 모든 면에 있어 다르다는 사실을 받아들이는 거라고 생각해요.

- 이런 모순이야말로 인간의 본래 모습이라고 생각하며 그냥 받아들여요.

- 노력과 실패, 그리고 다시 한 번 노력을 향해 돌진!

최선을 다했는데 대학시험에 떨어졌어요. ◑◑◑

하지만 최선을 다해 노력한 것은 남았다고 생각해요.

이것을 자신감으로 삼아도 좋을까요?

◐ 물론이죠! 그리고 장기적으로 봤을 때
'아아, 그때 떨어져서 다행이야'라고
생각할 날이 분명히 올 겁니다. (*^_º) b

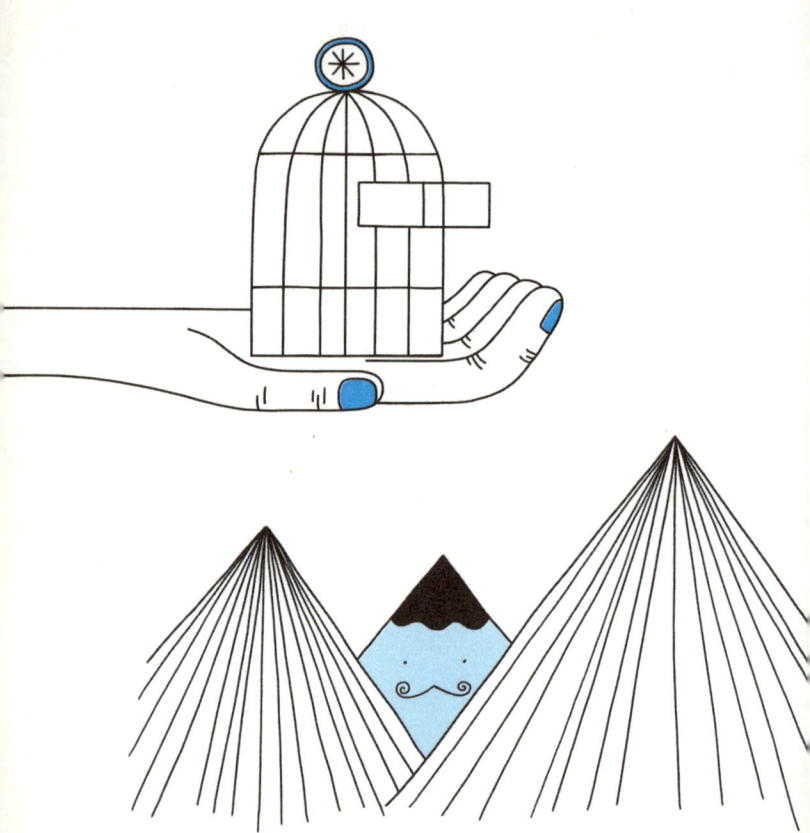

그럼 별로 노력하지 않고 떨어졌다면? ○○○

그럼 별로 노력하지 않고 합격했다면? ○○○

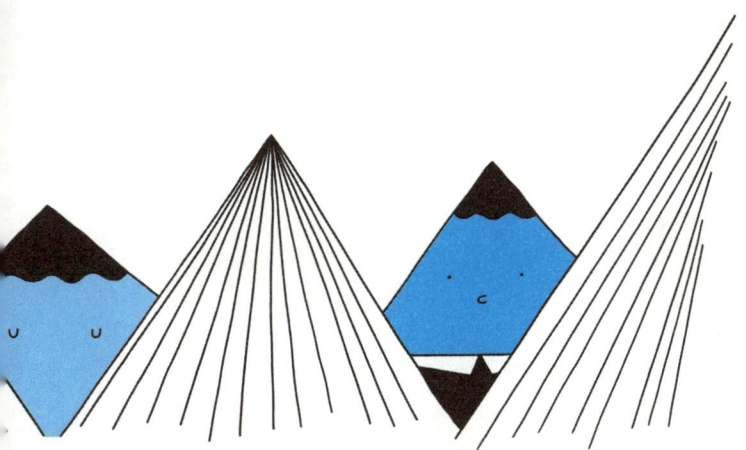

🔵 내년에는 죽을 각오로 최선을 다하세요! (^O^)

🔵 우선 죽을 각오로 최선을 다할 수 있는 일을 찾아야 하겠죠! (^-^)

대학을 중퇴했는데, 다시 시작할 수 있을까요? ○○○

편입준비생인데, 앞이 보이질 않아서 ○○○
너무 불안하고 두려워요… 응원 메시지 부탁드려요….

- '다시 시작한다'는 건 생각보다 어려울 수 있어요.
  하지만 지나온 모든 시간과 경험을 살려
  앞으로 나아가는 것은 충분히 가능한 일이에요!

- 자신의 미래를 진지하게 고민했기 때문에
  편입하기로 선택했을 테죠.
  그러니 무엇보다 강한 의지를 갖도록 하세요!

오토다케 씨의 모교인 와세다대학교를 ◐◐◐
목표로 공부하고 있는 재수생입니다.
하지만 최근에 의욕이 떨어지고
도통 공부가 손에 잡히질 않아요.
대학 입시가 얼마 남지 않았는데 어떻게 하면 좋죠?

> 좀 차가운 것 아닌가요? 오토다케 씨!!!

🔵 그렇게까지 하면서 가고 싶은
대학이 아닌 거겠죠.

> 입시공부는 정말 힘들다고요….

여기서 이런 어리광이나 부리고 있을 상황이 아닌 것 같아요. 🔵🔵🔵
아무리 생각해도 역시 가고 싶은 곳은 와세다예요.
일 년의 시간을 허투루 보냈다는 생각이 들지 않도록
죽을힘을 다해 열심히 하겠습니다.

거봐요, 스스로 깨달았잖아요!
그러니 힘내요!! (*^-°) b

> 사실은 응원해주지 않을까 기대했어요.
> 하지만 여기까지 왔으니 끝까지 해봐야겠죠.
> 정말 감사합니다.
> 이제 트위터도 열어보지 않을 거예요!

한 달 후에 좋은 소식 기다릴게요! (^^) v

한 달 후

예전에 대학 입시로 상담했던 학생입니다. 기억하시죠?
얼마 전에 결과 발표가 있었는데,
1지망인 와세다대학교에 합격했습니다!
그때는 정말 감사했습니다.

물론 기억하고 있죠!
제가 "그렇게까지 하면서 가고
싶은 대학이 아닌 거겠죠"라고
대답했던 학생 맞죠?
축하해요, 정말 멋져요!

기억하고 계셨군요! 그때는 정말 감사했습니다.
이제부터 시작이라는 생각으로 더욱 열심히 하겠습니다.

● 혹독한 말을 할 때는 그만큼 책임이 따르기 때문에 줄곧 신경이 쓰였어요. 진심으로 축하해요!

오토다케 씨가 '취직 빙하기'라고 불리는 지금 ◐◐◐
취업을 해야 한다면, 우선 무엇부터 해야 하는지 알려주세요.

🔵 혼자서 외국여행을 다녀오겠어요!
본격적으로 취업 전선에 뛰어들기 전에 말이죠.

오토다케 씨는 진로 문제에 관해 부모님과 의견이 맞았나요? ◐◐◐

역시 부모님의 의견에 따라야 할까요?

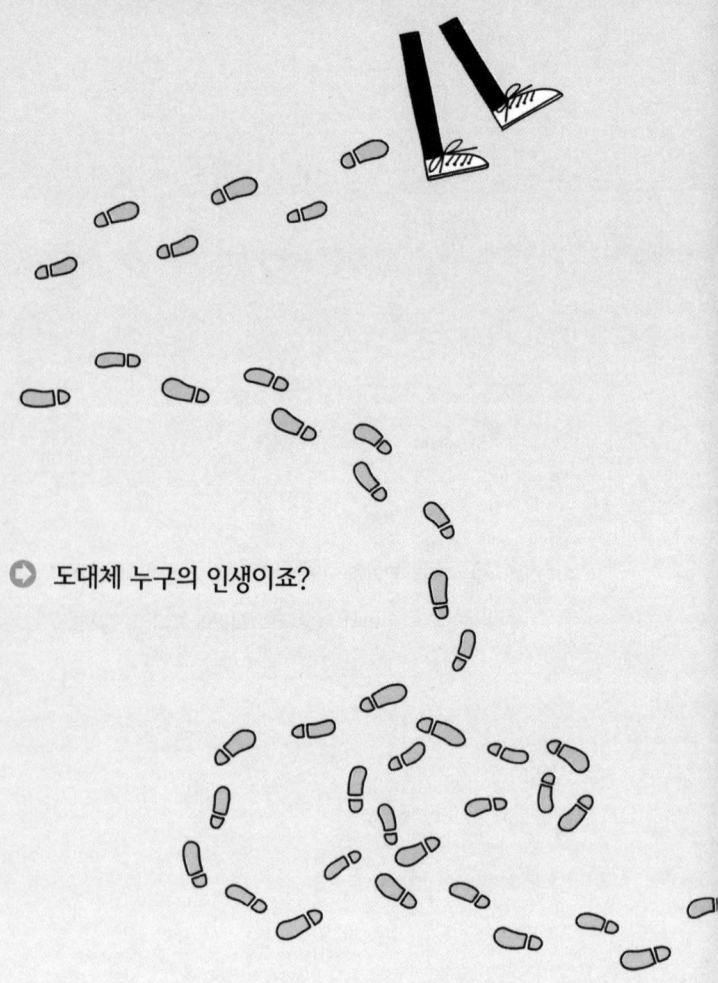

◐ 도대체 누구의 인생이죠?

자신이 가진 핸디캡이 신경 쓰여 ◐◐◐
결혼을 망설이는 사람들에게 한 말씀 부탁드려도 될까요?

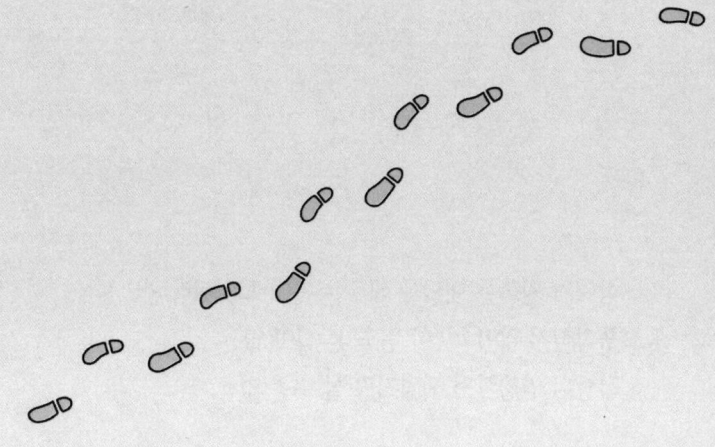

결혼하지 않아도 얼마든지 행복하게 살 수 있어요.

이 사람은 오토다케 씨가 자신을
지지해주길 바랐던 것이 아닐까요?

상대가 원하는 대답을 해주는 곳이 트위터라고
생각하지 않아요. 한 번도 본 적이 없는
사람의 인생까지 책임지며 살 수는 없죠.

자신이 하고 싶은 일만 하며 살 수 없는 ❍❍❍
요즘 같은 시대에 관심이 없다는 이유로 일에서
도망치려는 동료에게 해줄 만한 조언이 있을까요?

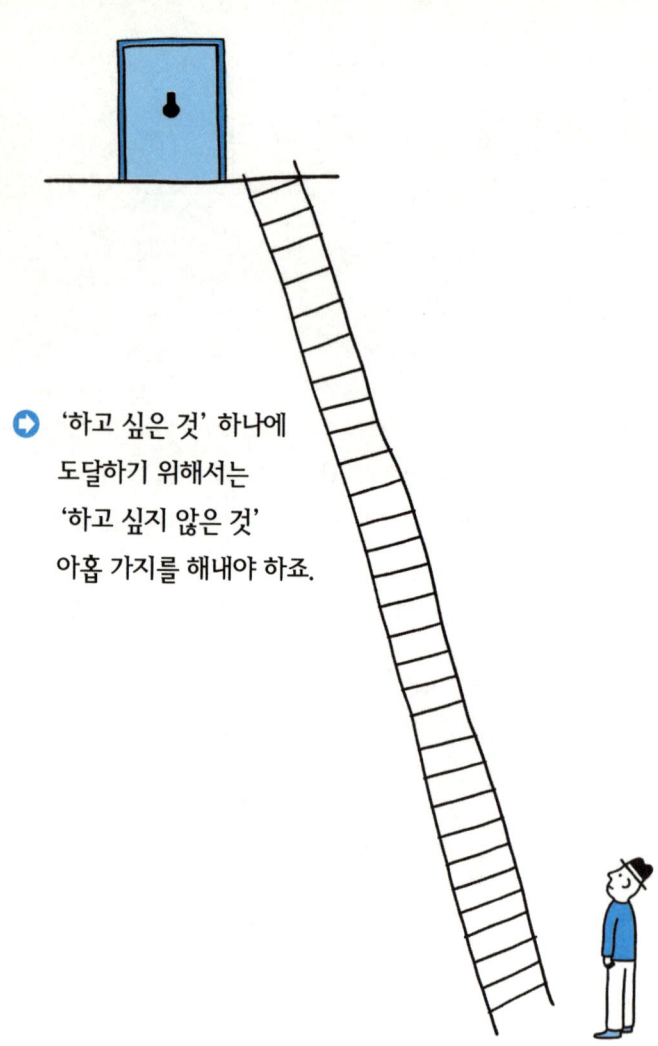

◐ '하고 싶은 것' 하나에
도달하기 위해서는
'하고 싶지 않은 것'
아홉 가지를 해내야 하죠.

갑작스럽게 아들이 죽고 싶다면서 집을 나가 버렸어요. ◐ ◐ ◐

엄마로서 무슨 말을 해줘야 할지 모르겠어요….

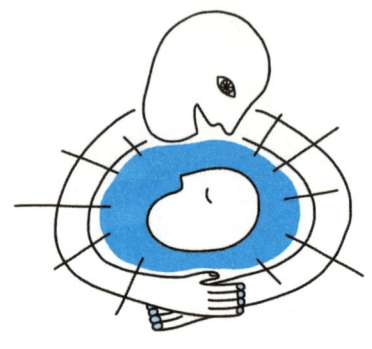

◐ 진심을 다해 얼마나 사랑하는지 말해주세요.
그리고 아들이 태어났을 때 얼마나 기뻐했는지도요.

도대체 산다는 것이 무엇일까요? ❯❯❯

◐ 다른 사람한테서 얻은 답으로
자신의 인생을 살 건가요?

잘 자요.

와, 댓글이 많이 달렸네요!
늦은 시간까지 깨어 있는 사람이
많군요. 공부? 일? 밤샘? 아니면
지금 일어난 건가요? 많은 사람들이 있고
많은 인생이 존재하는군요. 자신의 삶을
열심히 살아가는 사람들에게 힘내라고
응원의 메시지를 건넵니다.
이번엔 진짜로 잘 자요~

나, 오늘 열심히 일했어!

아, 졸려 (ˉ0ˉ)

내일 봐요.

· 3장 ·
지진 등 어려움에 맞서는 자세

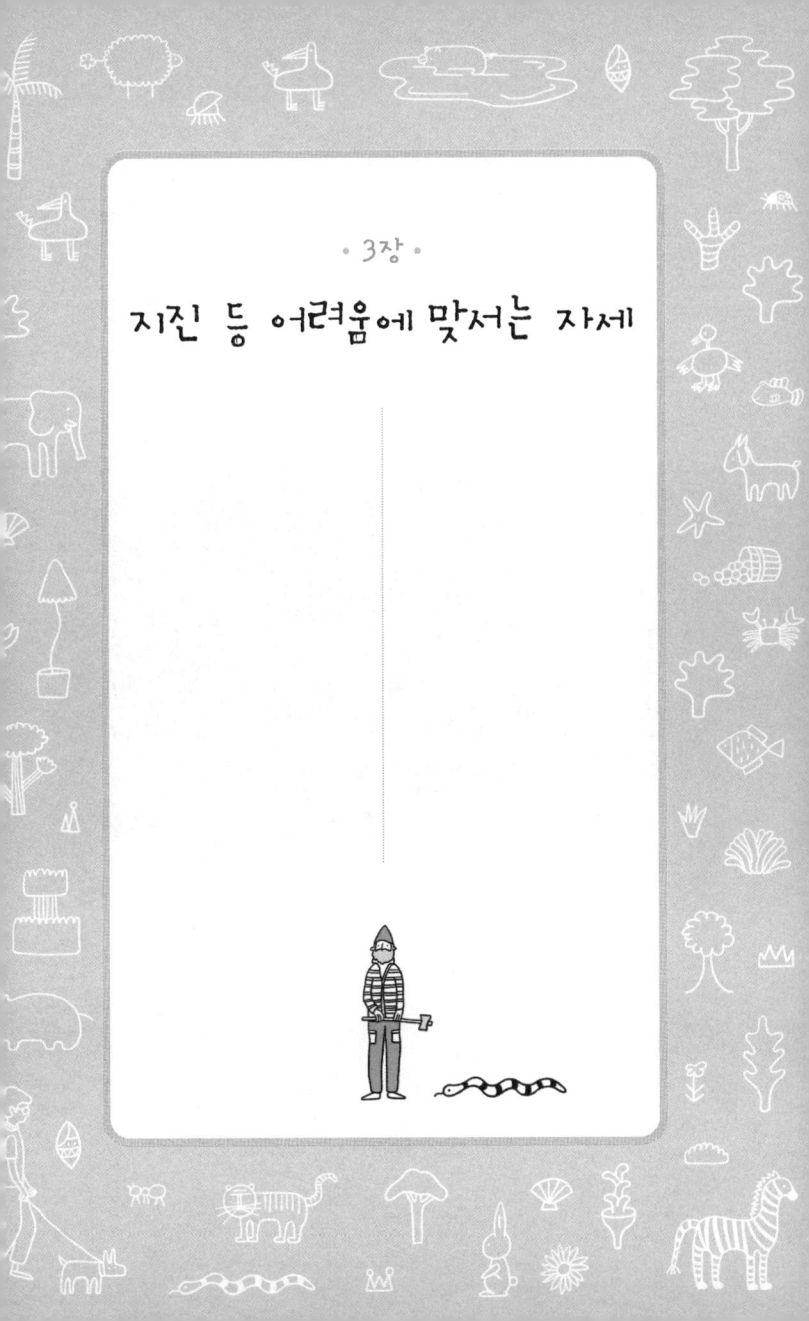

2011년 3월 11일

13:08:47

자, 밴드 연습하러 갈 시간이에요.
다녀오겠습니다!

15:13:43
엄청난 지진입니다.
다들 무사한가요? 전 괜찮아요.
스튜디오에서 밴드 연습 중이었는데,
멤버들이 필사적으로 휠체어를 잡아줬어요.
아, 또다시 여진이에요. 무서워! (>_<)

15:49:37
스튜디오는 건물 5층에 있습니다. 엘리베이터가 멈춰 아래로 내려갈 수 없어 난감해하고 있는데, 스튜디오 스태프와 멤버들이 100킬로그램이나 되는 전동 휠체어를 운반해줘서 겨우 건물 밖으로 빠져나올 수 있었어요. 모두 여진이랑 쓰나미 조심하세요! (>_<)

17:54:54
가족들이 무사하다는 걸 이제야 확인했어요. '정말 무서웠어. 하지만 아이들 앞에서는 의연해야 한다는 생각 하나로 꾹 참고 버텼어'라는 아내의 문자를 본 순간 갑자기 눈물이….

19:16:48
JR 동일본은 모든 신칸센과 수도권 동북 지역 전 노선의 운행을 중단한다고 발표했습니다. 역으로 가는 사람들은 직장이나 학교 혹은 가까운 피난 장소로 이동해주기 바랍니다. 도시 외곽으로 나가는 버스는 운행하고 있지만 정체가 심해 거의 움직이지 못하는 상황입니다.

19:38:54
또다시 긴급 지진 속보입니다. 후쿠시마 앞바다에서 지진이 있었다고 하네요. 다시 강하게 흔들릴 수 있으니 오늘은 가스 복구를 하지 않는 편이 좋을 듯합니다. (>_<)

19:59:37

311/1957: 이렇게 트위트를 올린 시각을 적어주면 정보를 보는 사람이 올바른 판단을 내릴 수 있습니다. 시시각각으로 상황이 달라지고 있으니 오래된 정보로 혼란을 일으키지 않도록 하는 것이 중요합니다.

20:44:48

311/2042: '도쿄전력 홈페이지에서' — 설비가 큰 피해를 입어 앞으로 전기 공급이 어렵거나 부족할 수 있습니다. 불필요한 조명이나 전기기구의 사용을 자제하는 등 절전에 협조해주기 바랍니다. 또한 끊어진 전선 등을 함부로 만지거나 해선 안 됩니다. 여러분, 우리 모두 절전합시다!

22:03:08

'알립니다!' 내일 치바현 이치하라시 시민회관에서 있을 예정이었던 오토다케 히로타다 강연회는 회관의 안전성을 확인할 수 없어서 취소되었습니다. 석유 탱크가 불타는 등 피해가 속출하고 있습니다. 무사히 불이 꺼지고, 인근 주민들이 무사하길 기원합니다.

22:32:24

311/2223: 지하철 운행 재개 구간에 관한 최신 정보입니다. '도쿄 메트로' 유라쿠초센(이케부쿠로~신키바), 한조몬센(구단시타~오시아게), 난보쿠센(시로카네타카나와~사이타마 고속선 내), '도에이 지하

철' 오에도센(전 구간), 아사쿠사센(니시마고메~아사쿠사바시), 미타선(미타~니시타카시마다이라), 신주쿠선(신주쿠~모토야와타)

23:05:40
'차 안에서 지내는 사람'
1. 차량은 교통에 방해가 되지 않고 쓰나미의 염려가 없는 안전한 장소에 주차해둔다.
2. 이른바 '이코노미클래스증후군'을 방지하기 위해 충분히 수분을 섭취하고 몇 시간 간격으로 발을 움직이는 등 운동을 한다.
3. 취침 중 잘못해서 액셀러레이터를 밟으면 차가 과열되거나 급발진할 위험이 있으니 가능한 엔진은 꺼놓는다.

23:56:30
311/2336: '니케이신문' — 도에이지하철, 도에이버스는 모두 막차 시간을 연장하고 12일 새벽까지 운행을 계속합니다.

2011년 3월 12일

00:30:52
'몸을 따뜻하게'
1. 몸 주변에 공기층을 만든다(옷과 옷 사이에 신문지를 넣는다, 스웨터 등 공기가 잘 통하는 옷 위에 비닐 시트나 쓰레기봉투를 덮는다 등등).
2. 수건 등으로 귀나 머리, 얼굴을 덮어 피부를 노출시키지 않는다.

3. 목과 등을 중점적으로 따뜻하게 한다.

02:06:09
자신과 가족, 지인의 안전이 확보된 사람들은 시야를 좀 더 넓혀주었으면 합니다. 그렇다면 지금 우리는 무엇을 할 수 있을까요? 도심에 있는 사람들은 우선 절전을 부탁드립니다. 재해 지역에 있는 사람들은 희망을 버려서는 안 됩니다. 깜깜한 밤이 지나면 태양은 반드시 떠오릅니다!!

04:16:22
이번에는 나가노… 도대체 무슨 일이야? 이제 제발 그만 좀 하라고!

12:54:56
국제연합의 코멘트입니다. "일본은 지금까지 도움을 필요로 하는 여러 나라에 지원을 해온 지원 대국이다. 이번에 국제연합은 최선을 다해 일본을 지원할 것이다." 전 세계가 성원을 보내주고 있습니다. 전 세계가 우리 한 사람 한 사람의 생명을 소중하게 생각해주고 있습니다. 우리는 우리 나름대로 힘을 내야 합니다. 지금 자신이 할 수 있는 일부터 시작해야 합니다.

15:17:40
지진이 일어난 지 24시간이 지났다. 사실 나는 아직 집에 돌아가지 못하고 있다. 내가 살고 있는 아파트의 엘리베이터가 멈춰 서서 스

테프들과 함께 사무실에서 지내고 있다. 고령자와 장애인, 외국인, 아이, 임산부 등 다른 사람의 도움이 절실히 필요한 사람들은 더 큰 고통을 받고 있을 것이다. 부디 그들의 마음을 보살펴주기를······ 나의 간절한 바람이다.

17:49:14
RT @NHK_PR: 아직 정부의 공식 발표는 없지만 후쿠시마 제1원자력발전소에서 중대한 사고가 발생했을 가능성이 있습니다. 10킬로미터 범위 내에 있는 사람들은 신속하게 10킬로미터 범위 밖으로 피난해주십시오. 또한 만약의 사태에 대비하기 위해 후쿠시마 제1원자력발전소 주변 10킬로미터 범위 밖에 있는 사람들도 신속하게 실내로 대피해주십시오. 실내에 들어가 젖은 수건으로 입을 막아주십시오.

20:04:26
아파트 엘리베이터가 복구되어 겨우 가족들의 품으로 돌아올 수 있었습니다. 사적인 트위트라서 죄송스럽지만, 내 가족의 안부까지 걱정해준 사람들이 있었습니다. 앞으로는 가족의 안전을 지키는 동시에 조금이라도 도움이 되는 정보를 트위트할 수 있도록 노력하겠습니다.

23:21:34
매스미디어도 개인 미디어도 '무엇인가 전달하려고' 할 때 '무엇을 위해 전달하고자 하는 건지'를 먼저 생각해주길 바란다. 피해 지역의 주민들을 위로하고 용기를 북돋아주기 원한다면 참상만을 전할 것이 아니라 어느 정도 진정되고 한숨을 돌릴 수 있는 내용도 있었으면 좋겠다. 나는 그걸 불근신•이라고 생각하지 않는다.

2011년 3월 13일

14:49:10
한신대지진으로 피해를 입었던 당사자의 한마디다. "도와주러 와서 가장 감사했던 사람은 자위대였고, 민폐를 끼치는 것으로 모자라서 방해가 된다고 생각했던 사람은 '자칭' 자원봉사자였다. 우리가 필요로 하는 일은 하지 못하면서 오히려 얼마 남지 않은 편의점의 식료품이나 음료수를 거덜내버렸다."

17:17:29
앞서 올린 트위트가 오해를 불러일으킬 여지가 있었다면 죄송합니다. '자원봉사' 자체가 나쁘다는 것은 아닙니다. 아무런 준비와 각오 없이 피해 지역으로 가는 것은 피해를 당한 사람들에게 부담이

• **불근신不謹慎** 조심스럽지 않고 삼가지도 않는 것 또는 그런 행동과 언어를 말한다. 동일본대지진이 일어난 후 자중하고 근신해야 함에도 상황에 걸맞지 않은 행동과 말을 할 때 '불근신'이라고 했는데, 이런 경우 자중해줄 것을 요청하곤 했다. 피해자들의 슬픔을 생각해 모든 것을 자중해야 하는가 아니면 모든 것을 빨리 회복시키기 위해 원래 생활로 돌아가야 하는가를 두고 트위터상에서 찬반 논란이 일기도 했던 단어라서 일본어 표현 그대로 사용했다.

된다는 것을 전하고 싶었을 뿐입니다. 이 글로 기분 상한 사람이 있었다면 사과드립니다.

18:59:05
센다이시에 사는 친구한테서 온 메일이다. "집은 아직 엄두도 못 내고 있지만, 회사에 드디어 전기가 들어왔고 수도도 복구됐어. 정말 감동이야! 밤이 괴로웠거든."
그래, 조금씩… 한 발씩….

21:50:43
내일부터 하나둘씩 일상으로 돌아오기 시작할 것이다. 경제활동도 본격적으로 시작된다. 분명 '불근신이다' '자숙해야 한다'라는 목소리도 나올 것이다. 하지만 일상생활로 돌아오지 않고는 피해 지역을 도울 힘도, 활력도 생기지 않는다. 움직이자! 배우자! 자유롭지 못한 사람들을 생각해서라도 그 어느 때보다 힘을 내자.

2011년 3월 14일

08:17:38
좋은 아침입니다. 오늘부터 2박 3일간 교토로 출장을 가게 되었습니다. 앞으로 대규모 여진이 일어날 거라는 보도가 있는데 가족과 떨어져 혼자 떠나려니 마음이 아픕니다. 하지만 잘 다녀오겠습니다. 한 사람 한 사람, 자신이 할 수 있는 일을 해야 합니다!

12:30:18

교토역에서 긴테츠선으로 갈아타고 나라로 이동 중이다. 13시부터 강연회를 시작한다. 간사이 지역은 완전히 다른 세계다. 거리를 지나는 사람들은 온화한 표정으로 웃고 있다. 그 모습을 보는 순간 안심이 되는 것 같기도 하고, 조금 쓸쓸한 기분이 드는 것 같기도 하다. 당연한 일이다. 행복이 무엇인지 깊은 생각에 잠기게 된다.

23:24:58

오늘은 간사이에서 하룻밤을 보내기로 했다. 가족과 떨어져 있어 불안하긴 하지만 숨통을 죄는 긴박한 공기에서 해방되어 겨우 한숨 돌린 것 같은 느낌이 든다. 이번 재해로 피해를 입지 않은 사람들은 그 어떤 죄책감이나 무력감도 느끼지 말고 웃는 얼굴로 하루하루를 보내기 바란다. 피해를 입지 않은 지역의 건강한 기운을 다른 사람들한테도 보내주고 싶다. 사람들의 웃는 얼굴에 나 역시 용기를 얻었기 때문이다.

지진 이후 피해를 입은 친구한테 전화할 기회가 있어
"살아 있어 정말 다행이야"라고 울면서 말했어요.
진심으로 그렇게 생각했거든요. 하지만 친구는
"그런데 왜 나였을까?"라고 말하더군요.
친구는 이번 일로 아들을 잃고 말았거든요….
그 말을 듣는 순간 어떤 말을 건넸어야 했을까요?

● **여기에 '정답' 같은 건 존재하지 않아요.**

이번 지진이 있기 전과 후로, ❯❯❯
일본인의 가치관은 '이렇게 변했다'
혹은 '변할 것이다'라고 생각하나요?

◐ 우선 '일본인' 전체를 뭉뚱그려 생각하는 것은
위험하다는 생각이 드는군요.
'한 사람 한 사람'이 자신의 가치관과 우선순위를
다시 생각하고 정리하는 계기가 될 거라고
생각하지만 말이에요.

프로필을 갱신했어요! (^o^)/

이름: 오토다케 히로타다
현거주지: 도쿄도
자기소개: 대지진으로 말미암아 많은 사람들이 고통을 받고 있습니다. 피해 지역 이외의 사람들도 이전과 다르지 않은 생활을 하는 것에 당혹감과 죄책감을 느낄 수 있다는 생각이 드는데…. 어떤 것이 정답인지는 모르겠습니다. 하지만 저 나름대로 여러분의 마음을 편하게 만들거나, 힘이 되어주는 메시지를 전달하고자 합니다.

2011년 3월 18일

'진정되면 술이나 한잔 하러 가자!' 라고 친구와
문자를 주고받았는데, 도대체 어떤 것을 기준으로
'진정됐다'라고 판단하면 좋을지 모르겠다.
당분간 이런 상황은 계속 될 것도 같고,
'이제 괜찮지 않나?' 라는 느낌도 드는데 말이다.

난 술 마시러 갈 기분이 아니에요.

피해 지역 사람들은 아직 많이 힘들어해요.

자기 자신만 괜찮으면 되는 건 아니라고 생각해요.

오토다케 씨, 너무 불근신이네요.

◯ 드디어 나왔다, 불근신!

'불근신'이라는 단어를 입에 담는 대부분의 사람은 피해 지역 외에 사는 이들이다. 오히려 피해 지역의 사람들로부터는 "우리 몫까지 먹고 마시고, 경제가 활기차게 돌아가게 해주길 바란다"라는 답신이 많다. 동북 지역에 위치한 기업의 술을 마신다든가, 술값에 만 원을 보태서 그것으로 모금을 한다든가…. '근신'해야 한다면서 집에 처박혀 있기보다 우리가 할 수 있는 일을 하도록 하자! - 《오체불만족》 저자로부터

만담회 落語會•

2011년 4월 13일

오랜만에 만담회가 있는 날이다. 샌드위치맨(일본의 콤비 개그맨)과 인기 만담가들이 참여한 '동일본대지진 자선 만담회－만담의 힘'이라는 타이틀을 단 만담회가 개최된다. 모든 사람이 무료로 출연하며 수익금 모두는 기부할 예정이다. 낮과 밤 2회 공연을 하는데, 나는 밤 공연에 참석하려고 한다!

연예인들의 정신력에는 정말 머리가 숙여진다. 지금보다도 '자숙해야 한다' '조심스럽지 못하다(불근신)'라며 여기저기서 말이 많았던 3월 말에 만담회가 열렸다. 당시 '웃음' 등은 불근신의 절정이라고도 말할 수 있었다.

그래서일까? 그 행사에 참석한 만담가들한테서 결의 같은 것이 느껴졌다. 마치 그들은 '우리에게는 이것밖에 없어. 우리의 이런 재능으로 관객들의 상처받은 마음을 풀어줄 수밖에 없어'라고 말하는

• 일본의 전통 예능인 라쿠고(落語)는 일종의 만담으로, 우리 말로 '우스운 이야기' 정도로 풀이되며 사람을 웃도록 만들어준다고 해서 만담회로 해석했다.

것 같았다.

큰 규모의 여진이 계속되고 기분이 착 가라앉아 어제 좋아하는 아티스트의 곡을 들었다. 그랬더니 놀라울 정도로 기운이 났다. 월말에 갔던 연극에서도 힘을 얻었다. 오늘 개최될 만담회에서도 분명 힘을 얻을 것이다.

현지에 가서 자원봉사를 하거나 출연료나 수익금을 기부하는 것은 분명 대단한 일이다. 하지만 그것만이 지원은 아니다.

여진이나 방사능에 따른 영향에 두려워하며 생활하고 있을 '또 다른 피해자'인 도쿄 사람들은 그런 문화나 예술에서 힘을 얻고 위로를 받고 있다. 그러므로 무력함에 걸음을 멈춰버린 사람이 있다면 다시 걸음을 내딛길 바란다.

일단 한 발 내딛어보길 바란다.

문화와 예술뿐만이 아니다. 어떤 일이든 마찬가지다. 어딘가에서 분명 사회에 도움이 되고 있을 것이다. 직접적으로는 도움이 되고 있지 않다고 생각할지도 모른다. 하지만 분명 돌고 돌아서 누군가를 돕고 있으며, 누군가에게 도움이 되고 있다.

지진도, 원자력발전소 사고도 무섭다. 하지만 나는 무력감으로 걸음을 멈춰버리는 것이 가장 무섭다.

저녁 먹기 전에 잠시 책읽기!

무슨 책을 읽고 있나요?

요즘 발달장애와 관련된 책을
읽고 있어요.

> 지금 원자력발전소 사고가 문제라고요.

⬇
⬇
⬇

> 그렇다면 모든 사람이
> 원자력발전소에 관한 책만 읽어야 하나요?^0^

⬇

> 피해 지역의 주민은 만화를 읽고 있는데,
> 그게 뭐 어때서요?

⬇
⬇
⬇

불근신 www

다시 만나요

2011년 7월 25일

동일본대지진이 있고 4개월하고도 보름이 지났다. 지진이 일어난 직후 피해 지역으로 달려가 밥을 짓거나 잔해 철거 등 봉사활동을 할 수 없다는 사실에 답답함을 느꼈다. 이런 몸을 가진 내가 가봤자 오히려 폐만 끼치는 것이 아닐까 하는 생각이 들었다.

하지만 지진이 일어난 지 한 달 정도 지나고 식량이나 생활에 필요한 최소한의 물자가 도착하기 시작했다는 기사를 보고 내 심경에 조금씩 변화가 생기기 시작했다.

기본적인 의식주 다음으로 중요한 것은 피해 지역에 사는 사람들이 '희망을 버리지 말고 다시 한 번 열심히 살아보자!'라는 긍정적인 마음을 되찾는 게 아닐까 생각했다. 그리고 그것을 위한 것이라면 나도 무언가 도움이 될 만한 일을 할 수 있지 않을까 알아보기 시작했다.

이런 마음을 갖고 5월 초에 피해 지역으로 향했다. 파괴된 마을과

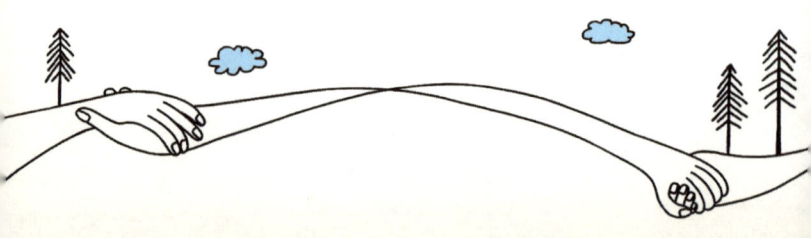

소중한 사람을 잃은 슬픔, 내가 찾은 그곳에는 상상 이상으로 가슴 아픈 사연이 많았다.

하지만 그와 동시에 희망을 잃지 않고 앞을 향해 걷기 시작한 용기 있는 사람들과도 만날 수 있었다. 그들은 용기와 희망으로 빛나고 있었다. 그곳에 다녀온 뒤 새로운 책의 제목을 '희망, 내가 피해 지역에서 생각한 것'으로 정했다.

그곳에 갔을 때 가장 고민한 것은 피해 지역의 사람들과 헤어질 때 어떤 말을 건네면 좋을까 하는 것이었다. 어려운 일이었지만 그들의 처지에서 생각해봤다. 그래도 좀처럼 말이 떠오르지 않았다.

'열심히 살아주세요' '힘내세요' '힘냅시다' 그 어떤 것도 어울리는 것 같지 않았다.

결국 내가 선택한 말은 '다시 만나요'였다. 괴로운 상황에서 조금이라도 미래를 생각할 수 있는 인사를 하고 싶었기 때문이다. 미래

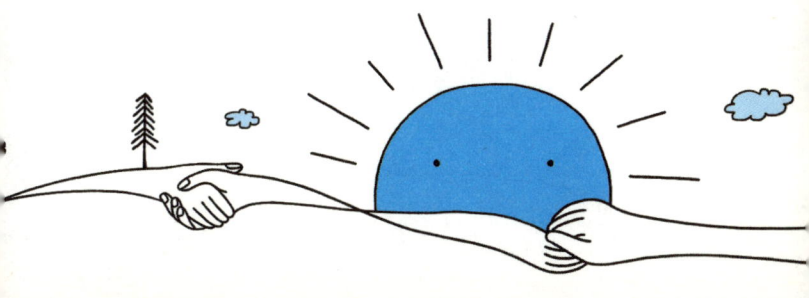

의 빛을 느끼길 바라는 마음으로 그들에게 "다시 만나요"라고 인사를 건넸다.

도쿄에 돌아온 나는 줄곧 그 말을 구두 약속으로 끝내고 싶지 않다고 생각했는데, 마침내 그 약속을 지킬 수 있는 날이 찾아왔다.

오늘 다시 피해 지역에 다녀오려고 한다.

이번에는 그곳에 머물 수 있는 시간이 사흘밖에 되지 않는다. 그렇다 보니 방문할 장소도 한정될 수밖에 없는데, 내 나름대로 나만이 할 수 있는 일을 찾아서 그 시간을 보내려고 한다.

다녀와서 다시 소식을 전하겠다. 내가 느낀 것들을….

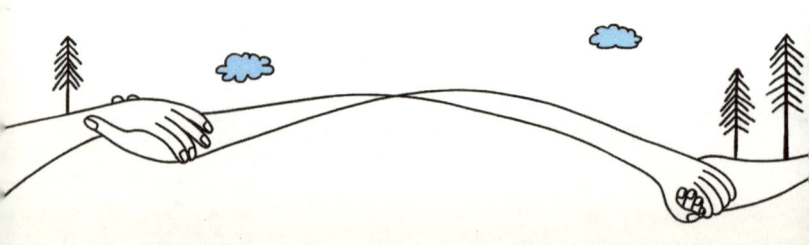

• 4장 •

아이들을 위한 교육이란

오토다케 씨는 교사생활을 한 적이 있죠? ❶❷❸

그때 무슨 과목을 가르치셨나요?

◯ 초등학교 교사였기 때문에 원칙적으로
전 과목을 가르쳐야 하는데, 음악과 만들기는
특별 과목 선생님이 가르쳤어요!

윤리를 잘 가르치실 것 같은 이미지예요. ◐◐◐

● 가르치는 인간이 부도덕하긴 하지만 (￣—+￣) 히죽

'참새 학교와 송사리 학교' 중 오토다케 씨는 어느 쪽인가요? ◐◐◐

교사는 왜 그만둔 거예요? (>_<) ◐◐◐
역시 교사는 어렵고 힘든 직업인가요….

지금은 보육원을 운영하고 있다고 들었는데, 정말인가요? ◐◐◐

● 송사리파요! '참새 학교의 선생은 회초리를 휘둘러 휘둘러 치잇팟파' '송사리 학교의 송사리들 누가 학생이고 누가 선생님일까' -전자는 군국주의, 후자는 민주주의의 노래라고 해야 하나….

● 처음부터 임기 3년이라는 조건을 단 채용이었어요!

● 네, 2011년 4월부터 도쿄 네리마구에 있는 '마을의 보육원' 경영에 관여하고 있어요.

• '참새 학교'는 전쟁 전에 만들어진 군국주의를 엿볼 수 있는 동요로, 참새 선생님이 회초리를 휘두르며 명령하고 학생인 참새들은 일방적으로 자기 사상을 억누른 채 국책을 위해 힘차게 나아가는 것을 노래하고 있다. 반면 송사리 학교는 1950년에 만들어진 민주주의를 엿볼 수 있는 동요로, 송사리 학교에서는 선생님도 학생도 구별되어 있지 않고 모든 일본 국민은 평등하다고 노래한다. 오토다케의 답변 가운데 '…'은 동요 가사의 일부다.

아이들을 위해 할 수 있는 것

2011년 9월 4일

오늘은 마을 축제가 있는 날이다. 정오가 지나면 축제를 위해 장식한 수레와 아이용 가마가 출발하기 때문에 네 살짜리 큰아들과 두근거리는 마음으로 집합 장소로 향했다. 이곳에 모인 아이들을 보살피는 사람들 대부분이 '할아버지 세대'였다. 60, 70대 어르신들이 목소리를 높인 채 웃는 얼굴로 땀까지 흘리면서 아이들을 돌봐주고 있었다.

2시간 정도 수레와 아이용 가마가 거리를 누볐는데 도중에 네 번 휴식을 취했다. 그때마다 지친 아이들에게 주스나 아이스크림을 나눠줬는데, 이 일은 '할머니 세대'의 어르신들이 담당하고 있었다. 그분들은 아이들에게 따뜻한 미소로 "수고 많았어" "조금만 더하면 되니까 힘을 내렴"이라고 격려의 말을 해주었고, 아이들도 기쁘게 받아들였다.

그리고 축제의 중심을 담당하고 있는 60, 70대 어르신들 곁에서 눈동냥으로 움직이고 있는 사람들은 아마도 나와 같은 세대일 것이다. 우리 세대는 어떻게 움직여야 할지 몰라 우왕좌왕했고, "그게 아니잖아!" 등 지적을 듣거나 턱으로 지시를 당하면서도 아이들을 위해 분주하게 뛰어다녔다.

세대를 뛰어넘어 '아이들의 웃는 얼굴을 위해' '좋은 추억을 만들어주기 위해' 분주히 움직이는 그들의 이마에 땀이 빛나고 있었다. 정말 뜻 깊은 시간이었다!

10년 전 가시마스타디움에서 있었던 일이다. 시합에 지고 나면 될 대로 되라는 듯이 서포터들한테 인사도 건성건성 하는 젊은 선수들이 있었다. 하지만 그들 중 아키다 유타카와 같은 베테랑 선수는 시합에 져도 서포터 자리 앞에 와서 머리를 깊숙이 숙여 여러 차례 인사를 했다. 그 모습에 감명받은 나는 아키다 선수에게 그 인사에 담긴 의미가 뭔지 물어보았다.

그는 "이 마을에 살고 이 마을에서 아이들을 키우다 보니 학교나 학원 선생님, 이웃사람 등 많은 이들에게 신세를 지고 있습니다. 가시마는 작은 마을이라 그런 인사가 마을 전체에 대한 감사의 마음으로 이어지죠. 시합이 끝난 후 인사에는 그런 의미도 담겨 있습니다."

오늘에야 아키다의 말을 실감할 수 있었다. 이제까지 이야기를 나눠본 적도 없던 이웃사람들이 아들에게 따뜻한 미소를 보내고 따뜻하게 말을 걸어주었다. 마음속 깊이 감사한 마음이 일었다. 마을 사람들의 온도를 느낄 수 있었고, 마을에 대한 감사의 마음도 생겨났다. 그리고 '나도 이렇게 자라왔구나'라는 생각을 했다.

30세 때부터 3년간 초등학교 교사로 근무했던 이유도 그 때문이다. 나는 어른들의 사랑을 듬뿍 받으며 자라왔고, 그 덕분에 여기까지 올 수 있었다. 따라서 내가 좋아하는 것만 해왔던 20대를 끝낸 지금, 이번에는 내가 '어른'으로서 아이들을 위해 할 수 있는 일에 힘을 쏟고 싶었다. 이제 내가 은혜를 갚을 차례가 된 것이다.

초등학교 교사로서 3년 계약이 끝나고 이번 봄부터 '마을의 보육원' 운영을 맡게 된 것도 이런 생각 때문이다. 육아를 책임지는 것은 물론 가정이다. 하지만 가정'만'이 감당하기에 조금 벅찰 때가 있다. 지역과 사회에서 아이들을 지키고, 건강하게 키울 수 있는 구조를 만들어나간다면 더 좋겠다는 생각이 들었다.

이것이 교육에 뜻을 품게 된 이유이자 '마을의 보육원'을 개원하고자 한 이유다. 나의 '지금'과 이어지는 원점을 오늘 열린 마을 축제로 떠올리게 되었다. 마을이라는 지역 공동체와의 끈을 만들어준 큰아들에게도 고맙다. 오늘은 뜻 깊은 하루였다.

수업할 때 주의해야 할 점은 무엇인가요? ❯❯❯

🔵 여러 가지가 있지만 가장 중요한 것은
아이들이 '틀려도 좋다'라고 생각할 수 있는
분위기를 만드는 거라고 생각해요.

제가 다니던 학교의 선생님은 ◐◐◐
아이들이 틀리면 버럭 고함을 쳐서 다들 벌벌 떨었어요.

사회에 나가면 실수했을 때 죄송하다는 말로는 ◐◐◐
끝나지 않는 경우가 많죠. 그렇다면 학교에서 미리
'실수했을 때 져야 하는 책임'에 대해
확실하게 가르쳐야 하는 게 아닐까요?

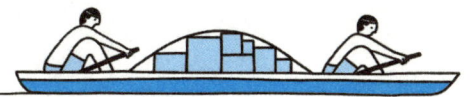

● 그런 분위기였다면 배우고 싶다는
의욕이 생기지 않았겠네요.

● 그런 사회를 바꿔나가야 하지 않을까요.

교원 채용 결과를 기다리고 있습니다. ❍❍❍
교사로 일했을 때 가장 신경을 썼던 부분은 무엇인가요?

4월부터 교사생활을 시작했는데 ❍❍❍
너무 힘들어 퇴근시간이면 녹초가 될 지경이에요.
신임 때 힘들었던 이야기를 들려줄 수 있나요?

교사를 하고 있습니다. 때때로 남에게 무언가를 ❍❍❍
전달한다는 것에 무거운 책임감을 느낍니다.
이런 생각이 들면 힘겹고 겁쟁이가 되기도 합니다.
오토다케 씨는 아이들을 가르칠 때 무섭지 않았나요?

◐ 교무실이 아니라 아이들을 보고 일할 것!

◐ 물론 저도 힘들 때가 있었죠. 하지만 교사뿐 아니라
어떤 일을 하더라도 힘들 때가 있을 거라고 생각해요!

◐ 무서웠죠. 아이들의 눈동자가 너무
정직해 보였거든요. '책임'이라는 이름의 공~포!!

아이들에 따라 대응 방법을 달리 해야 할 때 ◐◐◐
차별한다거나 편애한다는 소리를 듣는 건
두렵지 않았나요?

30년간 체육교사로 일한 언니는 ◐◐◐
치열한 싸움을 벌인 시간이었다고 말하곤 했어요. 그리고
열정적인 선생님은 현장에서 미움을 받는다고 하더군요….
왠지 쓸쓸한 이야기였어요.

오토다케 씨는 소위 '몬스터 부모'* 를 ◐◐◐
만난 적이 있나요?

• 교사에게 자신의 아이만을 위해 무리한 요구를 하는 부모를 이르는 말이다.

● 무섭지 않았습니다. 저는 쓸데없는 소리를 하는
주변 사람들을 위해 일하는 게 아니라
아이들을 위해 일했기 때문이죠.

● 저 역시 교무실에서는 미움을 받았을지도 모르죠.ㅋㅋ

● 여기서 '소위'라는 단어가 수상한 놈이에요.
교사의 입장이라면 그렇게 생각할 수 있지만,
보호자의 입장이 되면 수긍할 수 있는
부분도 있거든요.

강제인가, 자유인가?

2011년 6월 12일

나는 아이들한테 자유롭게 말하고 자유롭게 생각하고 남들과 다른 것이 좋다고 가르쳐왔다. 그러다가 그것이 내 이기심에서 비롯된 생각이 아닐까 고민하곤 했다. 과연 지금 사회가 그렇게 만들어져 있을까 고민하지 않을 수 없었던 것이다.

사회에서 자신의 생각대로 행동할 수 있는 사람은 극소수에 불과하다. 많은 사람들이 누군가의 지시를 받거나, 누군가의 눈치를 살피며 살아간다. 그런 사회에 '개성을 중요시'하는 가르침을 받은 학생을 내보내는 것이 내 이기심 때문이고, 결과적으로 그들을 괴롭게 만드는 것이 아닐까 걱정스러웠던 것이다.

현대 사회에 적합한 인재를 만들어 사회로 내보내는 것을 '교육'이라고 부른다면, 교육은 강제적이어야 할지도 모른다. 하지만 나는 그렇게 생각하지 않았다. 무언가를 강요하면서 사람을 가르치는 것이 나에게는 불가능했다. 그것이 허울 좋은 행동이고, 바보라 불린다고 해도 말이다.

등교를 거부하는 아이가 자주 했던 말이 있다. 그건 "학교에는 해야만 하는 일과 해서는 안 되는 일 두 가지밖에 없어요"라는 말이었다. 사실 교사도 마찬가지다. '해야만 하는 것' '해서는 안 되는 것' 어느 쪽도 강제적이었다. 이런 생각이 들 때마다 너무 괴로웠는데, 그때 '아이들도 괴롭겠구나'라고 느꼈다.

사회가 그런 괴로운 곳이기 때문에 아이일 때부터 관리하고, 강요하고, 그 안에서 살아갈 수 있는 인간으로 키워야 한다고 생각하는 사람도 있을 것이다. 하지만 나에게는 불가능한 일이었다. 나는 그런 숨 막히는 사회를 '옳다'라고 말할 수가 없기 때문이다. 사회 속에서 언제라도 교체 가능한 부속품으로 아이를 키울 수는 없었다.

한 사람 한 사람이 자신의 개성을 소중히 여기며 살아가는 사회, 이것이 내 이상이다. 하지만 지금의 사회는 내 이상과 들어맞지 않는다. 과연 나는 교육자로서 '옳다'라고 생각할 수 없는 현대 사회에 적합한 인간을 키워나가야 하는 걸까, 아니면 적어도 내 이상에 기초해 개성을 중시하는 교육을 해나가야 하는 걸까? 정말로 많은 시간을 고민했다.

하지만 모두 아이들을 위한 교육 방법이므로 정답은 존재하지 않는다. 아이들이 각기 다른 생각을 가진 양쪽 모두의 선생님한테 가르침을 받길 바란다. '아, 이런 사고방식을 갖고 있는 선생님도 있구나. 예전 선생님과는 다르구나'라면서 좋은 의미에서의 '혼란'을 느끼길 바라기 때문이다. 그렇게 함으로써 아이들은 스스로 판단하는 힘을 길러나갈 수 있을 것이다.

그래서 교육계에 몸담은 사람들이 다양한 가치관을 가졌으면 좋겠다. 내가 《괜찮아 3반》에서 아카오(赤尾), 시로이시(白石), 아오야기(青柳) 등 모든 교사 이름에 색을 집어넣은 것도 그런 생각에서 나온 아이디어였다. 우선 교사들은 색색의 존재여야 한다. 교사 역시 '모두 달라서, 모두 좋다'여야 한다는 말이다.

여기까지 쓰는 동안 사람들한테서 속속 감상이 도착하고 있다. 이렇게 많은 사람들이 교육에 관심을 보이고, 특히 아이들 교육에 흥미를 갖고 있다는 것이 무엇보다 기쁘다. 내 트위터에 실린 글이 사회나 교육에 관한 당신의 생각에 깊이를 더할 수 있는 계기가 된다면 더없이 기쁘겠다.

신주쿠 '묻지마 살인'을 예고했던
요코하마의 한 중학생이 체포됐다. '용서할 수 없다'
'화가 치민다'라는 마음은 이해하지만
그보다 중요한 것은 그 소년이 왜 그런 짓을 했는지,
그의 마음속에 드리운 어둠에 어른들과 사회가
눈을 돌려야 하는 것이 아닐까 생각해본다.

• **신주쿠 '묻지마 살인' 예고 사건** 2011년 2월 인터넷 게시판에 '신주쿠역에서 묻지마 범죄를 일으키겠다'라고 투고한 소년이 위력업무방해 혐의로 체포된 사건이다.

지금 교사가 되기 위해 공부하고 있습니다. ◎◎◎

그 아이는 그저 재미로 게시판에

그런 글을 올린 것이 아닐까요?

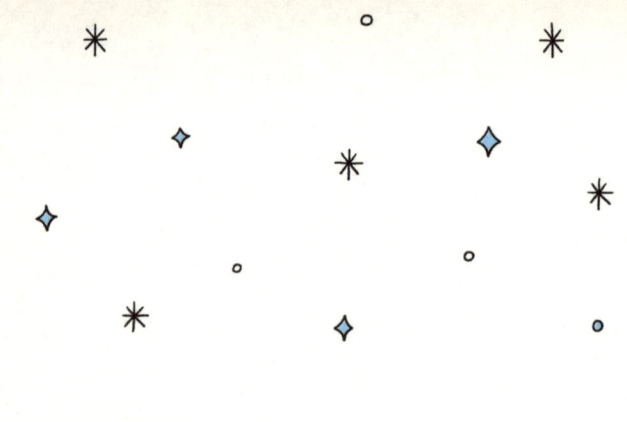

● 정말 그렇게 생각하고 있다면
　나는 당신이 교사가 되지 않았으면 좋겠네요.

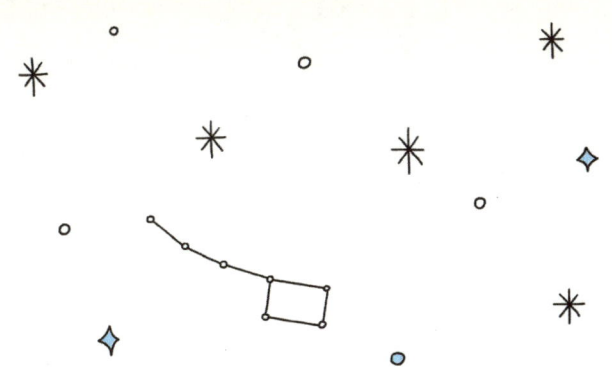

그렇다면 교사에게 어울리는 사고방식이란 무엇인가요? ◐◐◐

🡒 기이하게 보이는 아이들의 행동에
어떤 심리가 잠재되어 있는지 언제나 상상해본다!
물론 이것은 어디까지나 내 방식일 뿐
'정답'은 아니에요.

학력이 무엇이라고 생각하나요? ❶❷❸

유토리 교육*이 ❶❷❸
도대체 무엇인가요?

• **유토리 교육** 일본에서 실시된 교육 방침으로 '여유 있는 교육'을 뜻한다. 2002년부터 본격적으로 공교육에 도입되었다. 과도한 주입식 교육을 지양하고 창의성과 자율성 존중을 표방하며 학교 수업시간을 줄이는 방식으로 진행된다.

◯ 성공이나 실패 등 지금까지의 모든 경험을 살려
인생의 과제를 향해 나아가는 힘!

◯ 지식 편중에서 경험 중시로의 전환,
그 중심을 담당하는 '통합교육'은
교사들에게 여유가 없었던 탓에
충분한 준비가 이뤄지지 않았고, 기대했던 만큼의
효과도 얻을 수 없었죠. 따라서 개인적으로
이번 학습지도 요령을 개정할 때
없어지지 않을까 생각하고 있어요.

통합교육이 실시되면서 우리와 같은 NGO업계에
수업을 의뢰하는 일이 많아졌습니다. 지금까지와 비교해보면
학교를 다닐 때부터 바깥세상에 대해 구체적으로 알 수 있는
계기가 될지도 모르겠다는 생각이 들었습니다.
수업에서 지뢰 문제에 대해
알고 난 뒤 자신이 할 만한 일이 있으면 돕겠다면서
자원봉사를 하겠다고 찾아오는 아이도 있었습니다.

나도 유토리 교육을 받은 세대지만 장애인 시설이나
데이 서비스˙ 체험학습을 갔던 것이 계기가 되어 간호에
관심을 갖게 되었고, 지금은 그 일을 하고 있습니다. (^-^)

중학교 마지막 통합학습에서 모든 과목 선생님이
햄릿에 대해 설명해주셨어요. 영어 수업에서는 be에 관해,
역사 수업에서는 시대적 배경에 관해, 체육 수업에서는
무대예술에 관해 설명을 들었어요. 그리고 마지막에는
모두 극단 시게츠의 햄릿을 봤는데,
다각적인 관점을 배울 수 있는 뜻 깊은 시간이었습니다.

• 특수 설비를 갖춘 양로원의 시설을 이용해 낮 동안 장애를 가진 노인에게
식사, 목욕, 훈련, 레크리에이션 등의 서비스를 제공한다.

4장 • 아이들을 위한 교육이란

정말 대단하네요!

어떻게 하면 교육 현장에
이 정도의 여유를 줄 수 있을지가 열쇠네요.

바로 그렇죠!

딸이 초등학교 때부터 등교를 거부하고 있습니다. ◐◐◐
지금 억지로 학교에 가고 있지만, 또다시 안 간다고 하면
어떻게 해야 하나 걱정스러울 뿐 어떻게 해야 할지 모르겠어요….
딸아이의 웃는 모습을 잃게 될까 봐 너무 두려워요!

◆ 딸의 웃는 모습을 빼앗는 것은
'학교는 가야만 하는 곳'이라는
어른의 잘못된 믿음일지도 모르겠군요.

그렇게들 말하지만, ◯ ◯ ◯
'이유야 어찌 됐든 학교는 다녀야 한다'는 것이
이 나라의 상식이니 어쩔 수 없잖아요.

🔵 그게 반드시 따라야만 하는 상식일까요?

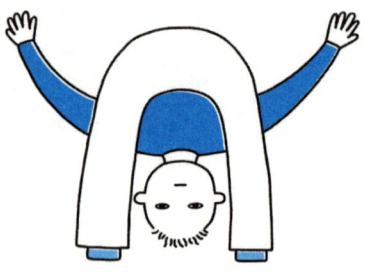

그렇다면 학교는 '가지 않아도 되는 곳'인가요? ◐◐◐

학교에 갈 수 없는 아주 심각한 병이나 ◐◐◐
문제가 없는 한 기본적으로 학교에 가야 한다고 생각합니다.

'학교에 가지 않으면 안 된다'라는 인식을 바꾸는 것이 ◐◐◐
중요한 일이긴 하지만, 학교에 다니지 않으면 학력 등으로
불이익을 받아 사회에서 제대로 대접받지 못할
가능성도 있습니다.
그런 부분에 대해서는 어떻게 생각하나요?

◯ 그곳이 당신을 궁지로 몰아넣고,
괴롭히는 장소라면….

◯ 그 '아주'를 누가 판단하는 건지가 어려운 일이겠죠.

◯ 통신제 학교나 검정고시 등 배우고자 하는
마음만 있다면 여러 가지 방법이 있을 겁니다.

-----▶ 오토다케 씨도 결국 사람은 학력이라고 생각한다는 건가요? ◉ ◉ ◉

> 설마요! '학력이 필요한 일을
> 하고 싶은 경우에는…'이라는 거죠.

학력이 필요하지 않은 일이란 별 볼 일 없는 거라고 생각하는 제가 너무 고지식한 걸까요….

(27세 직장인)

❍ 고지식하다기보다 좀 편협하다고 말할 수 있겠네요.
공부를 하고 싶지만 여러 가지 문제로
학교에 갈 수 없는 사람들의 마음을
헤아리지 못하고 있다는 생각이 드는군요.

최근 '~해야 하는' '~해서는
안 되는'과 같은 '~해야 하는' 논(論)을
내세우는 사람이 많다. 이해되는 면이 없지
않지만, 인간은 로봇이 아닌 감정을 가진 생명체다.
따라서 어떻게 하면 그 '~해야 하는 행동'을
'하고 싶다'라는 마음이 들게 할 수 있을까
고심하는 편이 여러 사람을 기분 좋게
만드는 거라고 생각한다.

운동회에서 평등에 대해 생각하다

2011년 5월 31일

내가 근무하던 초등학교는 운동회 날에 아이들이 가족과 함께 교정에서 도시락을 먹었다. 그런데 운동회 날에도 급식을 해서 아이들을 교실에 들여보내 밥을 먹게 하는 학교도 있다. 부모들은 아이들이 사라진 교정에서 쓸쓸하게 도시락을 먹거나, 집으로 돌아갔다가 다시 학교에 온다.

아이들을 교실에 들여보내는 이유는 '부모가 오지 못하는 아이가 상처 입기 때문에' 혹은 '가정형편이 여의치 못해 빵밖에 가져오지 못하는 아이가 상처 입기 때문'이었다. 하지만 내가 예전부터 말했듯이 어떤 것에도 상처 입지 않도록 온실 속의 화초처럼 아이를 키우는 것은 교육이 아니라고 생각한다.

각자의 자질이나 능력, 용모나 가정환경은 선택한 것이 아니라 주어진 것으로, 그것을 바꾼다는 건 대단히 어려운 일이다. 아이들이 그 '차이'를 느끼지 않도록 학교가 아무리 배려해도 온실 밖의 사회에 나가면 상처 입을 일이 얼마든지 있다.

오히려 그때까지 깨닫지 못하게 하는 것이 더 무책임한 일이 아닐까 생각한다.

'운동회인데 엄마가 오지 못해 쓸쓸해.' '저 아이의 맛있어 보이는 도시락이 부러워.' 물론 운동회 날에 대한 이런 아픈 추억을 가진 사람도 있을 것이다. 따라서 그렇게 느끼는 아이가 생기지 않도록 모든 학생에게 급식을 먹게 하고, 이것으로 어느 누구도 상처받지 않게 '평등'을 도모하는 것이 교육일까? 나는 그렇게 생각하지 않는다. 사회에 나가면 상처받는 일이 생긴다. 좌절하는 일도 생긴다. 그런 경우에는 어떻게 일어설 것인가, 어떻게 다시 걸어나갈 것인가.

오히려 이런 경험을 해보도록 놔두는 쪽이 훨씬 더 교육적이라고 생각한다. 존재하는 '차이'에 이불을 덮어씌우고 "너희 모두는 평등하단다"라고 시치미를 떼는 것이 교육이라고 생각하지 않는다.

물론 학교만을 일방적으로 비판할 생각은 없다. "만약 이런 일로 우리 아이가 상처받으면 어쩔 거야?"라고 험악한 표정으로 반론을 제기하는 보호자도 있을 거라는 사실을 잊어서는 안 된다.

도쿄에서는 비의 영향으로 오늘 운동회를 하는 학교가 많은 것 같다. 이날을 위해 오랜 시간 연습한 아이들과 그들을 지켜보는 부모들에게 오늘의 운동회가 오랫동안 좋은 추억으로 남기를 간절히 바란다!

5장

가족에 관한 것

'성을 바꾸고 싶다'는 내 부탁을
아내가 거절했다. ㅋㅋ

오토다케 씨는 성을 바꿔봤자
아무 의미가 없잖아요! ㅋㅋ

아니, '오토다케'라는 성이 너무 특이해서
아이들이 싫어하지 않을까 생각했거든요.
단박에 "아, 오토다케의 아들이다!"라고
눈치 채지 않을까요. ㅋㅋ

오토다케 씨의 아들이라는 게 밝혀지면
왜 아이가 싫어할 거라고 생각하죠?
훌륭한 아버지인데 말이죠.

  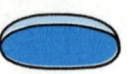

◐ 눈에 띈다는 건
엄청난 용기를
필요로 하거든요.

이해해요. 의도적으로 눈에 띄는 것과 ◐◐◐
꼼짝없이 눈에 띄는 것은 완전히 다르죠. (/_;)

사람들의 눈에 띄는 걸 기뻐하는 사람이 있는가 하면 ◐◐◐
싫어하는 사람도 있지요. 그렇다면 오토다케 씨는
싫어하는 사람이군요.

- 맞아요, 맞아.
  아들이 '눈에 띄는' 것을 좋아하는지
  아직은 알 수 없으니까요.

- 아니요, 나와 내 아들은
  서로 다른 인격체라는 이야기예요.

'오토다케 히로타다의 아들'이 아니라
'오토다케 ○○○'(아들의 이름)라는 거죠?

🔵 그렇게 생각해주신다면
저희 부부도 마음이 편안해져요. ♪♪

집에 돌아오자마자
네 살 난 큰아들이 이렇게 말했다.
"있잖아, 아빠. 스컹크는 방귀 냄새가 독하니까
가까이 가면 안 돼, 알았지?"
"응, 알았어. (^o^;"

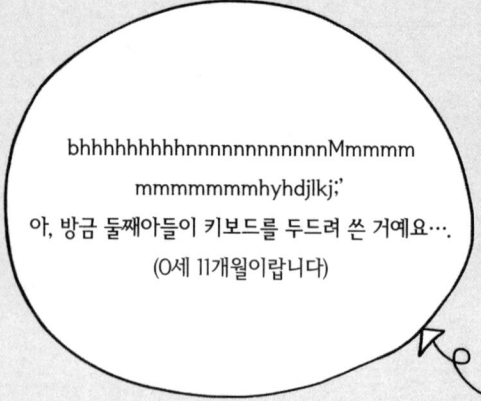

bhhhhhhhhhnnnnnnnnnnnMmmmm
mmmmmmmhyhdjlkj;'
아, 방금 둘째아들이 키보드를 두드려 쓴 거예요….
(0세 11개월이랍니다)

이런 질문을 하는 게 실례라는 걸 알지만, ◐◐◐
오토다케 씨는 결혼할 때 자신의 몸이나 미래에 관한 것 등
여러 가지로 불안했을 텐데 어떻게 극복했나요?
저도 장애를 가진 사람과 사귄 적이 있거든요.

오토다케 씨의 손발은 선천적인 거죠? ◐◐◐
오토다케 씨와 아내는 아이를 낳는 것이 두렵지 않았나요?

◯ 불안이라… 특별히 불안한 건 없었어요.

◯ 우리 부부가 장애를 불행한 것이라고 여겼다면 무섭다고 생각했을지도 모르죠!

앞으로 아이에게 오토다케 씨의 장애에 대해 ◐◐◐
어떻게 이야기할 건가요? 궁금합니다.

"몸이 자유롭지 못한 사람과 함께 생활하는 건 ◐◐◐
텔레비전 드라마에서 그려지는 것처럼 아름답지 않다."
《카시오페아의 언덕》에 나온 구절인데,
오토다케 씨 가족은 어떤가요?

◐ 함께 생활하고 있기 때문에
굳이 이야기할 필요는 없지 않을까요?

◐ 몸이 자유롭든 자유롭지 못하든 간에
인간이 함께 살아간다는 것 자체가
아름답다고 생각해요.

프로포즈할 때 무슨 말을 했나요? ❍❍❍

아내분 외의 다른 여자한테는 절대 손대면 안 돼요! (´・ω・`) ❍❍❍

◯ 저의 손발이 되어 주세요. (왕! 거짓말) ♪♪

◯ 그럴 손이 없으니까 괜찮아요! (￣_+￣) 히죽

둘째아들의 탄생

2010년 7월 9일

10:33:04
진통 중!

11:01:27
이제부터 병원으로! 늦지 않았으면 좋겠는데….

11:24:26
정체! 네비게이션의 도착 예정 시각이 점점 늦어지고 있다. 이럴 때는 꼭….

11:56:07
큰아들은 수줍음이 많았는지, 진통이 시작되고 30시간이나 얼굴을 보여주지 않았다! 아내의 오랜 싸움을 그저 곁에서 지켜보면서 남자란 어쩌면 이렇게 무력한 존재일까 괴로워했던 2년 6개월 전의 겨울이 생각난다.

12:16:41

장시간에 걸친 통증과 괴로움을 견뎌낸 출산이었다. 분만대 위에서 막 태어난 큰아들을 건네받아 배에 올렸을 때 아내의 첫마디는 "따뜻해…"였다. 아, 안 돼! 떠올리기만 해도 눈물이 날 것 같다고.

12:21:29

이제 곧 병원이에요! 아내에게 응원 부탁드려요. (^o^)/

12:26:24

병원에 도착했습니다! 무사히 태어나면 보고할게요. (=^▽^=)

15:06:34

둘째가 태어났어요! 14시 50분, 건강한 남자아이입니다!! 아내도, 아기도 정말 애써줬어요. 만세! \(^o^)/

21:42:18

집에 돌아와 다시 한 번 보고드립니다. 오늘 14시 50분 둘째가 태어났습니다. 2,968그램, 50센티미터의 건강한 남자아이입니다! 트위터상으로 정말 많은 사람들에게 격려와 축복의 인사를 받았는데, 정말 고맙습니다. 고맙습니다.

언제나 '내 교육 방식이나 아이들을 대하는 태도가
과연 이래도 되는 걸까?'라고 생각합니다.
오토다케 씨는 아이들을 키우는 데 있어
가장 중요한 것이 무엇이라고 생각하나요?

● '사랑', 바꿔 말하면 자기긍정감을 키우는 것!

자기 자신을 긍정적으로 생각하지 못하면 어려운 일이 닥칠 때마다 힘들다는 생각이 들 겁니다. 오토다케 씨는 자기 자신에 대해 어떻게 생각하나요?

옳지 못한 점도 많고 고쳐야 할 점도 많지만, 그런 부분까지 전부 사랑스럽다고 생각하고 있습니다.

ㅎㅎ

불행의 낙인을 찍지 마라

2011년 10월 8일

신체적으로 장애를 가진 사람은 자신의 장애를 어떻게 생각할까? 나는 부모의 태도가 가장 큰 영향을 미치지 않을까 생각한다.

'이런 몸으로 태어나게 해서 미안하다'라고 생각하는 부모 아래서 자란다면 분명 그 자신도 '나는 불행한 몸으로 태어났어'라며 무거운 십자가를 짊어진 듯한 마음을 갖게 될 것이다.

반대로 '장애가 있어도 괜찮아'라고 생각하는 대범한 부모 아래서 자란다면 자신의 상황을 비관하지 않고 장애를 무거운 십자가라고 느끼지 않고 살아갈 수 있지 않을까.

나는 대범한 부모 아래서 태어나 신체적 장애를 특별히 비관하는 일 없이 살아왔다.

물론 어느 쪽이 옳다, 어느 쪽이 잘못됐다고 말하는 것이 아니다. 양쪽 모두 자신의 아이를 사랑하기에 그런 생각을 하는 것이니까 말이다. 다만 선천적으로 장애를 갖고 태어난 사람들 가운데 한 사람으로서 말하자면 후자와 같은 부모 아래서 자라는 편이 장애인인 자신에게 있어 '편하다'는 것이다.

장애아의 부모는 사랑이라는 이유로 갓 태어난 자신의 아이에게

'불행'의 낙인을 찍어버리는 것이 아닐까. 장애인으로서 살아가는 건 정말로 불행한 것일까, 아니면 장애와 행복에는 아무런 상관관계도 없는 걸까? 이 질문에 대한 대답은 부모가 아니라 자신이 살아가면서 판단해야 하는 거라고 생각한다.

물론 평탄치 못한 길이라는 건 누구보다 잘 알고 있다. 따돌림, 차별, 편견… 장애인으로 살아가는 데 너무나 많은 '장애'가 기다리고 있다. 하지만 정상인으로 태어났다고 해서 반드시 행복한 삶을 사는 것은 아니다. 그리고 장애인으로 태어났다고 해서 반드시 불행한 삶을 사는 것도 아니다. 즉 살아보지 않으면 그 사람의 인생이 불행한지 어떤지 아무도 알 수 없다.

아무리 괴로운 조건으로 태어났다고 해도 대역전극을 펼쳐 행복한 인생을 살아갈 수도 있다. 그런데 태어난 순간부터 '이 아이는 불행하다'라고 부모 마음대로 결정짓는다는 건 너무나도 안타깝다는 생각이 든다.

그러나 내가 아무리 이렇게 말한다고 한들 역시 아이를 낳고 키우는 사람은 부모다. 아이의 부모가 양수검사를 받은 결과 '장애인으로서 살아가야 할 인생은 분명 불행할 거야. 그러니까 나는 중절할 거야'라는 결단을 내린다면 나는 어떤 말도 할 수 없다. 내가 함부로 끼어들 수 있는 일이 아니기 때문이다.

그래서 내가 할 수 있는 일이 무엇일까 생각하고 있다. "오토다케 씨처럼 행복하게 살아가는 사람도 있구나." 뱃속의 아이에게 신체적 장애가 있다는 것을 알았더라도 내 모습을 보고 아이를 낳겠다고 결단을 내리는 사람이 한 명이라도 늘어날 수 있도록 말이다. 내가 미디어에 등장하는 이유도 대부분 이런 생각에서 비롯된다.

물론 '역시 장애를 가진 아이는 낳지 말았어야 했어'라고 후회하는 일 없는 사회로 만들어나가는 것도 내가 해야 할 역할 중 하나라고 생각한다. 하지만 이것만큼은 혼자서 할 수 없다. 이를 실현시키려면 많은 사람의 이해와 도움이 필요하기 때문이다. 소중한 생명을 지켜나가기 위해서 말이다.

이야기가 너무 길어졌다. '만약 내가 장애를 가진 아이를 갖게 된다면…' 이런 시점에서 읽어주면 감사하겠다. 마지막으로 장애 유무에 상관없이 하나하나의 생명이 모두 빛나기를 간절히 바란다.

피크닉 중이다! 아내가 가방에서
'고깔' 모양의 과자를 꺼냈다.

큰아들을 향해
"아빠는 이렇게 못 먹는다"라면서
다섯 손가락에 고깔 모양의 과자를 끼운다.

부, 분하다! ㅋㅋ

살아오면서 오토다케 씨가 ◐◐◐
가장 화났던 일은 무엇인가요?

오토다케 씨는 트위터상에서 ◐◐◐
많은 사람들의 갖은 험담에도 너그럽게 대응하고 있는데,
정말로 화났던 적은 없나요?

🔵 아버지 장례식 때 아무런 예도 갖추지 않고
매스컴에서 잔뜩 몰려들어 마음대로
사진 촬영을 하고 돌아갔을 때…?

🔵 생명과 관련된 일, 가족에 대한 폭언에는
평상시와 다른 태도를 보입니다.
절대로 용서할 수 없죠!

왜 가족에 관한 것은 용서하지 않나요?

🔵 가족을 가져보면 그 이유를 알 수 있을 거예요.

여러 가지로 생각해봤지만
1만 번째 트위트는 어머니께 바치기로…!
하루하루가 정말 즐겁고 행복하다.
많은 사람들이 '살아가는 의미를 정말 모르겠어'라며
방황하는 가운데 내가 무엇을 해야 할지 빨리 깨달을 수
있었던 것은 이 독특한 몸 덕분이다. 손발이 없는
이런 몸으로 낳아주셔서 감사하다. 어머니,
가까운 시일 내에 찾아뵐게요.

아버지께

2011년 5월 11일

오늘은 아버지의 기일이다. 정확히 10년 전 아버지가 세상을 떠나셨다. 아버지는 건축가셨다. 버블경제 시기 건설업에 종사하셨던 아버지의 귀가시간은 언제나 늦었고, 평일에는 아침밖에 얼굴을 볼 수 없었다. 그래도 입학식이나 졸업식, 운동회, 수업 참관 등에는 빠지지 않고 휴가를 내어 참석하셨다.

지금은 그것이 얼마나 힘든 일이었는지 안다.

아버지는 사랑 표현을 잘하는 분이셨다. 어느 해 어머니의 생일날에 입원 중이셨던 아버지는 병원의 외박 허락을 받아 몰래 현관 벨을 누르셨다. 아무것도 몰랐던 어머니가 현관문을 연 순간 아버지는 장미 꽃다발을 들고 서 계셨다. 어머니에게도, 나에게도 언제나 따뜻한 미소와 함께 "사랑해!"라고 말해주셨던 분이다.

초등학교 5학년 때 성적이 떨어진 나는 무거운 마음으로 성적표를 내밀었다. 아버지는 성적표를 살짝 열어보더니 "역시, 넌 대단해"라고 말씀하셨다. "내가 초등학교 때는 모조리 '양'이었는데 말이야."

'엥? 분명 그럴 리가 없는데…' 이렇듯 자신을 낮춰가며 내 자존

심을 세워주셨던 아버지였다.

아버지가 돌아가시고 얼마 안 됐을 때 그분의 존재가 얼마나 컸는지 절실히 느꼈다. 잘못된 판단이나 행동을 했을 때 아버지는 반드시 내 앞에 나타나서 "그래도 괜찮겠니?"라고 물으셨다. 또한 아내에 대한 감사의 마음을 잊을 때마다 나타나서 일깨워주시곤 했다. 최근 몇 년 동안은 더 이상 나타나주시지 않지만 말이다.

아버지, 잘 지내시죠? 저는 엄청 잘 지내고 있어요. 어머니도 건강하시고요.

《오체불만족》을 읽은 사람들은 언제나 "어머니가 대단하시네요!"라고 말한다. 하지만 어머니는 자주 "내가 느긋한 마음으로 힘을 낼 수 있었던 건 네 아버지가 곁에 있어주었기 때문이란다"라고 말씀하셨다.

어라? 아버지, 처음 들으셨어요? 쑥스러워서 아버지께 직접 말하지 못하신 걸까요? 그럼 저한테 들은 건 비밀이에요.
"나는 언젠가 네가 화를 내는 날이 오지 않을까 생각했단다. '왜 이런 몸으로 날 낳은 거냐'고 말이다."
아버지, 이제까지 단 한 번도 그런 생각을 해본 적이 없어요. 하고 싶은 말은 오직 감사의 말뿐이에요. 말이 너무 길어져 이쯤에서 줄일게요. 제 걱정은 마시고 두 손자를 보살펴주세요.

· 6장 ·

장애, 차별, 자학?

4월이면 아들이 초등학교에 입학합니다. ◐◐◐
ADHD라는 말을 듣더니 교장선생님이 안 좋은 표정을 하셔서
불안한 마음이 큽니다. 역시 학교에 이런 아이가 있으면
골칫거리라고 생각하는 건가요?

아들은 야구를 무척 좋아합니다. 하지만 아들은 뇌성마비 ◐◐◐
장애가 있어 다른 아이들과 야구를 하지 못하게 합니다.
저희 마음대로 위험하다고 판단했기 때문이죠.
하고 싶다고 한다면 시켜줘야 하는 걸까요?

제 동생이 발달장애인데 일반 중학교에 보내야 할까요, ◐◐◐
아니면 특수학교에 보내야 할까요?

🔵 힘들겠죠.
　하지만 그렇다고 해서 골칫거리 취급을 받을
　이유가 되지는 않아요.

🔵 지나치게 '안전'을 우선시하면 아이는
　'성장'의 기회를 빼앗기고 맙니다.

🔵 '발달장애아니까 이렇게 해야 한다'라는 생각에는
　찬성할 수가 없군요.
　다른 어떤 것보다 동생에게
　가장 좋은 선택을 하길 바라요!

사회는 두 가지로 나누어져 있다?

2011년 7월 22일

3시간을 꽉 채운 특별지원교육에 관한 회의에 참석했다. 오늘은 장애를 가진 당사자들과 그들의 보호자한테서 이야기를 듣는 공청회였다. 이상적인 이야기만 늘어놓고 멀리서 무릉도원을 바라보기보다는 좀 더 현실에 맞춰 유효성 있는 토론을 할 수 있으면 좋겠다고 생각했다. 그래서 그런 관점에서 내 의견을 말했다.

장애가 있든 없든 간에 모든 사람이 함께 배울 수 있는 환경이 완벽하게 갖춰진다면 당연히 훌륭하다고 말할 것이다. 하지만 모든 요구를 충족시키려면 막대한 예산과 인적 자원이 필요하다. 그렇다면 현실에서는 어떻게 타협해나갈 것인가? 이것이 중요한 것이 아닐까 한다. 이상론만 늘어놓아 봤자 결국 아무것도 바꿀 수 없다.

시설과 설비가 갖춰지는 것이 이상적이다. 하지만 '그것이 갖춰지지 않기 때문에 통합교육*이 불가능하다'는 결론을 내리지 않길

* **통합교육**(inclusive education) 다양한 경우의 사람들을 '나눠' 교육하는 것이 아니라 차이를 인정하고 '동일 환경' 아래서 행하는 교육을 말한다.

바란다. 환경이 갖춰지지 않았어도 주위의 이해나 자신의 노력이 있다면 함께 배우는 것은 얼마든지 가능하다. 물론 모든 경우와 모든 아이에게 해당되는 이야기는 아니지만 말이다.

그렇다면 장애를 가진 사람과 그렇지 않은 사람이 함께 배워야 하는가? 각기 의견이 나뉘는 질문이라고 생각한다. 하지만 이 점에 대해 생각할 때 절대 잊어선 안 되는 것이 있다. 학교를 졸업하고 나간 사회는 장애인용과 비장애인용 두 가지로 나뉘어 있지 않다는 것이다. 모두가 함께 살아가는 이 사회는 하나밖에 없다.

◐ 이런 어마어마한 일이 일어나다니! 트위터 창업자 비즈 스톤(Biz Stone)과 대담을 하게 됐어요!
'트위터 창업자 비즈 스톤과 오토다케 히로타다, 이노 켄지의 특별 대담'

트위터의 아버지한테 오토다케 씨의 천부적인
블랙 조크를 쭉쭉 날려주세요!
뜨악해할지도 모르겠지만…. www

❯ 아니에요. 미국은 장애인에 대한
 심리적 울타리가 낮아서
 주저하지 않고 웃어줄 거예요!

미국에서는 왜 장애인에 대한 심리적 울타리가 낮을까요? ◐◑◐

◯ '물리적 장벽 제거가 실현되고 있다' → '어릴 때부터 동네나 학교에서 장애를 가진 사람들을 접할 기회가 많다' → '만나도 특별한 존재라고 느끼지 않는다'… 이런 사회적 영향이 크다고 생각해요.

하지만 반대로 너무 당연하게 느낀 나머지
신체적 특징을 들먹이는 험담이나
조롱도 심할 것 같은 생각이 드네요.
안경을 썼다고 놀리는 것처럼
장애도 놀림감이 되지 않을까요?

🢂 나는 상대하기 어려운 사람 취급을 당하는 것보다 그 편이 훨씬 좋아요.

'장애'는 '개성'인가?

2010년 9월 26일

―오토다케 씨는 "장애는 개성입니다"라고 말한다.

어딘가에서 보고 들은 적이 있는 말일지도 모른다. 하지만 사실 나는 한 번도 이런 말을 입에 담은 적이 없다.

개성이란 그 사람만의 모습을 형성하는 데 반드시 필요한 요소다. 따라서 본래의 의미대로 말하면 장애도 개성일 수 있다. 하지만 '개성'이란 단어는 대부분 긍정적인 의미로 사용된다.

그럼에도 '장애=개성'이라고 말할 수 있을까?

그렇다면 장애라는 개성이 동경의 대상이 될 수도 있을까?

아마도 대답은 "아니오"일 것이다.

그래서인지 나 자신은 "장애는 개성이다"라고 말하는 것에 적지 않은 저항감을 느낀다.

트위터에 이런 이야기를 적었더니 다음과 같은 트위트를 받았다.

"그럼, 오토다케 씨에게 있어 장애란 무엇이죠?"

나에게 있어 장애는 '두 아이의 아버지' '안경을 쓰고 있다' 등의 요소와 함께 오토다케 히로타다를 형성하는 몇 가지 특징 중 하나다.

그리고 성격이나 능력, 장애까지 포함해 나를 형성하는 모든 특징을 살펴보고 그것들을 살려 '나만이 할 수 있는 건 무엇일까?'라고 생각할 때 '개성'이 생겨난다고 생각한다.

 손발이 없다는 나만의 특징을 살려 많은 사람들에게 '모두 달라서, 모두 좋다'라는 메시지를 전달하고 싶다. 이것은 《오체불만족》을 쓸 때부터 일관되게 생각해오고 있는 것이다. 이런 신념을 갖고 활동하는 것이 내 '개성'이라고 생각하기 때문이다.

장애가 있는 아이를 키우는 부모로서 ◐◐◐
'장애=개성'이라고 생각하지 않는다면
아이를 잘 키울 수 없다는 생각이 들어요.

맞아, 맞아! 장애도 개성이라고 생각해준다면 ◐◐◐
모든 사람이 장애인을 거부감 없이 받아들일 수 있지 않을까요?
하지만 현실은 그렇지 않지….

어려운 문제군요. 가벼운 장애를 가진 저는 ◐◐◐
'장애=개성'이라고 말하는 것에 반발심을 느끼지만,
인생에서 얻기 힘든 경험을 했다고는 생각합니다.

'장애는 개성인가?'
여러 사람한테서 다양한 의견이
도착하고 있습니다. 물론 정답이 존재하지 않는
질문이다 보니 사람에 따라 해석하는 방법도
각양각색이로군요. 하지만 장애를
'개성'이라는 듣기 좋은 말로 바꿈으로써
개선해야 할 문제점에 관심을 갖지 않으면
어쩌나 하는 생각이 들어 두렵군요.

오토다케 씨 덕분에 팔과 다리가 '부자유스러운' 사람들이 ◐◐◐
'자유스러운' 생활을 하고 있다는 것을 알았습니다.
자유롭지 못한 게 아니었군요…. (*^-^*)

장애를 가진 사람이 "다시 태어나도 지금 이대로가 좋다"라고 ◐◐◐
했는데, 다음에 다시 태어난다면 저는 귀가 들렸으면 좋겠어요.
오토다케 씨는 어떤가요?

복지와 관련된 조직에서 장애인에 대해 잘 아는 것처럼 ◐◐◐
떠드는 사람이 너무 많다고 어머니가 푸념을 하셨습니다.
비장애인이 장애인을 완전히 이해하는 것은 무리일까요?

● 사람마다 다르다고 생각해요.
저를 보고 '팔과 다리가 부자유스러운 사람은
모두 이렇다'라고 판단해버리면
곤란해지는 사람이 많아요.

● 다음에는 손발을 가진 인생이 좋을 것 같군요.
그건 비장애인이 장애인보다 뛰어나서가 아니라
'장애인'으로서의 인생은 이미 살아봤기 때문이에요.

● 저는 장애인이지만 장애인을
완전히 이해하지는 못해요.

인기 텔레비전 프로그램에 나가게 된 것 정말 축하드려요! ◐◐◑
어떤 노래를 부를 생각이죠?

오토다케 씨가 심야 라디오를 진행한다면 어떨지 궁금해요. ◐◐◑

예전에 미와 아키히로 씨가 "오토다케 히로타다 씨는 ◐◐◑
다음 생애에는 틀림없이 보살님으로 태어날 거다"라고
말했던 게 생각났어요. 멋져요! ˙∪˙

◯ 행복하다면 손뼉을 치자 ♪♪…(￣ㅁ￣;) !!

◯ '오토다케 히로타다의 올 나이 니폰' 같은 제목은 어때요?

◯ 현실에서는 수준 높은 기능을 가진 눈사람 ♪♪

• **올 나이 니폰** all + 없다(無, 일본어로 나이), 일본의 심야 라디오 프로그램 All Night NIPPON을 패러디한 것이다.

오토다케 씨는 스킨십을 좋아하나요? ◐◐◐

오토다케 씨는 철봉운동 중 어떤 것을 가장 잘하나요? ◐◐◐

18일에 아마추어 야구 시합이 있는데 멤버가 부족해요. ◐◐◐
도와주러 오실 수 있나요?

- 스킨십을 할 손이 없거든요!!

- 견학!

- 공이 부족해지거들랑 불러줘요. (-。-)y-°°°

○○는 어떻게 해?

2010년 12월 22일

별다른 뜻 없이 글을 올렸는데 "오토다케 씨, ○○는 어떻게 하나요?"라는 댓글이 연달아 달릴 때가 있다. 하지만 사생활에서 그런 질문을 받는 경우는 거의 없다. 분명 궁금해도 '실례일까'라고 생각해서 자제하는 것 같다. 하지만 트위터에서는 서로 얼굴을 보지 않기 때문에 '실례일까'라는 필터가 빠져 있는 것 같다.

실제로 나를 만나서 "○○는 어떻게 하나요?"라고 묻는 사람은 아이들 정도다. 나머지는 엄청 순진한 사람(어제 만난 다케다 소운 씨처럼) 정도다. 아이들에게는 '실례일까'라는 의식이 없다. 하지만 어른에게는 그런 의식이 작동해서 얼굴을 마주한 상황에서는 그런 질문을 하지 않는다. 거의 100퍼센트가 그렇다.

나는 이런 질문이 특별히 실례라고는 생각하지 않는다. 다만 얼굴을 마주한 상황에서는 묻지 못하면서 트위터에서는 가볍게 물을 수 있다는 것이 의문이다. 그들의 그런 행동에 '얼굴이 보이지 않으니까 괜찮겠지'라는 의식이 작용하고 있는 건 아닐까? 아무리 가벼움이 트위터의 매력이라지만, 그렇기 때문에 더더욱 상대와의 거리감에 신경을 써야 하는 것이 아닐까.

트위터상에서의 토론

2011년 3월 6일

어젯밤 토론은 꽤 재미있었다. 내가 자신과는 다른 의견을 RT(리트위트)하는 것이 '여기저기 까발리는' 것처럼 느껴져 기분이 나쁘다는 사람이 있었다. 덧붙여 말하면 나에게는 그런 의도가 전혀 없었다. 내 의견과 같든 다르든 간에 모두가 함께 생각해봤으면 하는 트위트를 RT하고 있다.

"하지만 RT 당한 사람은 오토다케 씨가 RT함으로써 불특정 다수에게 읽힌다는 것을 생각하지 못하는 것은요?"라고 물었다.

트위터는 메일처럼 일대일의 관계가 아니라 미디어다. 불특정 다수에게 읽혀 곤란한 내용이라면 트위터에 올려선 안 되는 것이 아닐까 생각한다.

자신의 지론을 펼쳐놓고 내가 거기에 반론을 제기하면 갑자기 "나는 일반인이니까"라면서 얼굴을 감추는 사람도 많다. 토론할 때는 저명인사도 일반인도 없다. 실명을 밝히라고까지는 하지 않을 테니, 적어도 공공장소에서 당당하게 자신의 의견을 밝힐 수 있는 용기와 책임감을 가져주길 바란다.

저는 키가 작은 남자입니다. ◐◐◐
키가 작다는 이유로 종종 기분 나쁘다는 소리를 듣습니다.
얼마 전에는 어떤 뚱뚱한 여중생한테 그런 소리를 들었습니다.
그 후로는 모두들 저를 기분 나쁘게 생각하고 있는 건
아닐까 의심하게 됩니다.
이런 생각을 하면 사는 게 정말 싫습니다.

◐ 그런데 왜 '뚱뚱한'이라는 단어를 넣었죠?

지고 싶지 않다는 생각 때문이죠.
지금까지 키가 작다는 것 말고는 기분 나쁘다는 소리를
들은 적이 없었기 때문에, 아니면 그런 여학생이 저를 향해
기분 나쁘다고 말한 것에 화가 났기 때문일 수도 있고요.
어느 쪽도 마찬가지군요. 제가 잘못했습니다.

잘 생각해보니 '바보 사카타'가 대단한 호칭이라는
생각이 드는군. 이런 이름으로 사람들한테 사랑을
받다니, 정말 대단한 인품이야. 음, 나라면….
'병신 오토다케'란 호칭으로는
텔레비전 출연이 어려우려나. (^O^;

> 그런 단어를 사용해서는 안 돼요.

--->

> 차별어잖아요!

> 오토다케 씨의 자학 개그는 듣기 싫어요. (;_;)

왜 이 단어를 써서는 안 되는 걸까?
'병신'을 '장애인'으로 바꾸고,
이번에는 '장애우'로 바꾼다.
이렇게 점점 부드러운 표현으로 바꿔가면서
본질을 보고도 못 본 척하는 풍조….
그런다고 뭐가 해결되나?
목소리를 높여 "차별어는 좋지 않다"라고
외치는 사람일수록 자신은 차별하지 않는
척하고 싶은 것뿐이라고…. 정말 무의미한 일이다.

내가 장애를 나쁘게 생각하고 있다면
이제까지 올렸던 수많은 트위트가
전부 '자학'이 될지도 모른다.
하지만 나는 내 장애를 그저
'특징'에 지나지 않는다고 생각한다.
그러므로 나를 깎아내리고 있다는 생각은 전혀 없다.
다만 나만의 특징을 소재로 사람들한테
웃음을 주려고 하는 것뿐이다.

오토다케 씨에게 장애는 대머리와 비슷한 건가요? ❍❍❍
지적하면 화를 내는 사람도 있고,
그것을 웃음의 소재로 삼는 사람도 있는 것처럼 말이에요.

우리 시에서 시민들한테 장애인을 대신할 호칭을 ❍❍❍
응모하도록 했는데, 하마터면
'우애인(友愛人)'이 될 뻔했어요. (^_^;)

하지만 저는 그렇게 불리거나 쓰이는 걸 ❍❍❍
싫어하는 사람을 알고 있어 '장애우'라고 적어요.
척하는 게 아니에요. 적어도 무의식중에 상처받는 사람을
한 명 정도는 줄일 수 있지 않겠어요.

🔵 그 말이 정답!

🔵 완전 개그네요! www

🔵 그런 관계 내에서 단어를 바꿔나가는 것에
진정한 의미가 있다고 생각해요.
장애인에 대한 호칭은 사회가 결정하는 것이 아니죠.

저는 '병신'입니다

2011년 6월 20일

엄청난 양의 메시지를 받았다. '상처받는 사람이 있으니, 그만두는 편이 좋지 않을까요'라는 의견이 있었지만, '상처받으니까 그만둬'라는 당사자의 목소리는 지금까지 없다. '잘 대변해주셨어요'라는 장애인 혹은 그들의 가족한테서 메시지가 몇 개 도착했을 뿐이다. 서두의 배려가 정말 장애인을 위함인지가 의문스럽다.

'키가 크다'라는 말은 그저 신체적 특징을 이르는 말이지만, 예를 들어 키가 큰 것을 고민하는 여성에게 사용해서는 안 된다. 하지만 그렇다고 해서 모든 사람이 '키가 크다'라는 말을 '차별'이라고 생각하지 않는다. 말이란 이렇게 상대와의 관계성에 따라 선택하고, 입에 담는 것이라고 생각한다.

'병신'이라고 불려도 아무렇지 않게 여기는 사람이 있는가 하면, '장애우'라는 표기에도 상처를 받는 사람이 있다. 결국 눈앞의 상대가 어떻게 생각하는지 헤아려 단어를 선택할 수밖에 없는데, '병신'은 NG이고 '장애우'는 OK라고 누가 결정했는가? 나는 누구의 감정에 맞춘 경계인지 모르겠다.

"상처받는 사람이 있으니까 공공장소에서 사용해서는 안 된다"

라고 말한다면, '키가 크다' '꼬맹이' '피부색이 까맣다'라는 말 역시 공공장소에서 사용하지 않는 편이 좋을 것이다. 이런 단어에 상처받는 사람도 적지 않을 테니 말이다. 하지만 그건 바보스러운 짓이다. 눈앞에 있는 상대의 마음을 헤아려 단어를 선택하는 것이 좋겠다. 우리에게는 그렇게 할 수 있는 능력이 있다.

그런데 장애인에 관한 호칭에서는 일대일의 관계성을 무시하고 일률적으로 '병신' '장님' '귀머거리'는 NG다. 나는 그 생각에 "왜?"라는 의문을 제기하고 싶다. 그런 결정 자체가 단지 장애인의 비위를 거스르지 않으려는 행동처럼 보이기 때문이다.

오해가 없도록 미리 말해두지만, 나는 다른 사람들을 향해 '병신' '눈사람' 등의 단어를 입에 올린 적이 단 한 번도 없다. 모든 것은 나 자신을 향해 쓴 것이었다. 그럼에도 "그런 단어는 써서는 안 된다"라고 말하는 사람이 있다. 그들 중 대부분은 "상처받는 사람이 있으니까"라고 말한다. 그렇다면 "나는 키가 크다"라고 말해서도 안 된다. 그 단어에 상처받는 사람이 있을 테니까 말이다.

상대에게 상처 주는 말을 해서는 안 된다. 당연한 말이다. 초등학교 때부터 배우지 않는가! 하지만 상대가 어떤 단어에 상처받는지는 천차만별이다. 관계성 안에서 찾아낼 수밖에 없다. 거기서 배려가 생겨나고, 때론 사랑이 생겨난다. 하지만 장애인을 대할 때는 처음부터 모두 NG이다. '찾아 나가려는' 노력이 빠져 있기 때문이다.

장애인 역시 일률적이지 않다. 그런 말에 무심한 사람이 있는가 하면, 쉽게 상처받는 사람도 있다. 차별이란 그런 당연한 전제를 무시한 결정 같은 느낌이 들어 개인적으로 별로 좋아하지 않는다. 한 사람 한 사람, 눈앞의 상대를 보고 느끼면서 단어를 선택하도록 하자. 상대가 비장애인이든 장애인이든 모두 마찬가지다.

그러니까 나에 대해 얼핏 무례하게 보이는 트위트를 보내는 사람들한테 '무례해!'라고 눈 꼬리를 치켜뜨는 사람들이 있는데, 난 괜찮다. 다들 이해하고 보내는 것이다(그런 사람이 대부분이다). 하지만 그렇다고 해서 다른 장애인한테도 그런 말을 해도 된다는 뜻은 아니다. 어디까지나 사람에 따라 가려 말해야 한다.

아아, 그러고 보니 너무 길게 썼다. 내용이 길어져 죄송하다. 하지만… 에헴, 나는 '병신'이다. '병신'이고 '장애인'이고, '장애우'다. 무슨 단어든 좋다. 호칭은 아무래도 상관없다. 나 같은 생각을 하는 장애인도 있지만 그런 단어에 상처받는 장애인도 있다. 이 점을 이해해줬으면 좋겠다.

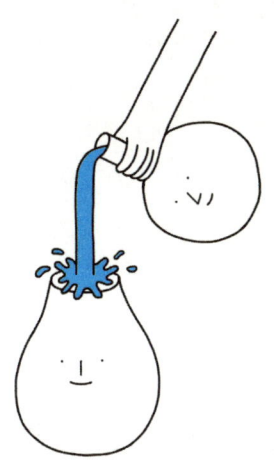

그건 그렇고, 매일매일 정말 다양한
트위트가 올라오는군요. 얼마 전 누가 나한테
'바-보'라고 하길래, '보, 보… 보자기!'라고
끝말잇기로 되돌려줬어요.

메시지로 바보라든가 죽어버리라든가 ❯❯❯
아무렇지 않게 말하는 것은 대부분 상대를 업신여기는
시선을 가진 사람들이라는 느낌이 드는군요.

남의 험담만 하는 사람에 대해 어떻게 생각하나요? ❯❯❯

● 그런 걸까요?
나는 자기 자신에게 자신이 없어
벌벌 떨고 있는 사람이 많은 것 같은데요?

● '자신의 생활에 만족하지 못하고 있구나'라고.

> 자기 생활에 만족한다면
> 인터넷 같은 건 하지 않을 것이고….

어, 그래요? 저는 만족스러운 하루하루를 보내고 있지만,
인터넷은 제 생활에서 빼놓을 수 없는 부분인걸요.

오토다케 씨는 자신의 신사적인 면을 역이용당해 ◆◆◆
쓸데없는 공격을 받는 경우가 있잖아요.
무시하면 되는데 그러지 않는 것은 무슨 이유 때문인가요?

◑ 상대를 믿고 존중하기 때문…이라고 할까?

정말로 그렇게 생각하나요? ◐◐◐

제가 살아가는 세상은 그렇게 아름답지 않은데….

🔵 제가 사는 세상 역시 그렇게 아름답지만은 않아요.
중요한 것은 어떤 세상을
만들어나가고 싶은가 하는 거죠.

우리 아이는 아직 장애인이라는 존재를 알지 못해요. ◐◑◉
어떻게 가르쳐야 좋을까요?
아니면 굳이 가르칠 필요가 없는 걸까요?

오토다케 씨가 텔레비전에 자주 나와 ◐◑◉
초등학생인 우리 아이도 벌써 알고 있어요.

오토다케 씨의 자학 개그가 조심스럽지 못한 것이 아니라 ◐◑◉
평범하면서도 재미있다고 생각하게 되었어요.

- 굳이 가르칠 필요가 있을까요.
  그보다도 사는 지역 내에서
  자연스러운 만남이 있다면 좋겠군요!

- 미디어에 출연하는 건 솔직히 힘든 일이 많아요.
  하지만 이런 트위트를 읽으면 제가 활동하는 의미를
  다시 한 번 확인하게 됩니다. 감사합니다.

- 그것이 바로 제가 바라는 사회예요!

오토다케 씨는 강한 분이니까 괜찮지만,
그렇지 못한 사람들도 포용할 수 있는
사회여야 한다고 생각합니다.

🔵 지적하신 대로 강하지 못한 사람이 마음 편히
살 수 있는 사회를 만들어나가고 싶습니다.
저 역시 그렇게 생각하고 있습니다.

역시 선구자라는 존재가 필요하다고
생각한다. 장애를 웃음의 소재로 삼는 것이
금기시되고 있는 사회에서 굳이 그런 행동을 한다면 당연히
거센 비난을 받게 될 것이다. 하지만 나는 앞으로도 계속 그럴
것이다. 신체장애를 단순한 특징의 하나로 봐주는 사회를 만들어
나가고 싶어서다. '자학'이라고 느끼는 사람은 장애를 '패배'라고
생각하기 때문이다. 그래서 '이거, 웃어도 되는 거야'라는 망설임이
생기고 마는 것이다. 장애를 소재로 한 개그에 '하하하' 웃을 수 있는
사회, 이것이야말로 궁극의 장벽 제거라고 생각한다.
그러니 앞으로도 계속 트위트를 올리게 해주세요!
시시하고 하찮은 140자를….

• 7장 •

맺음말

행복이 무엇이라고 생각하나요? ◎◎◎

◐ "행복이 무엇인가?"라는 질문을 받으면
깊은 생각에 잠기게 됩니다.
하지만 "당신은 행복한가?"라는
질문을 받으면 바로 "네!"라고 대답하죠.

오토다케 씨에게 손발이 생기길…. ❋❋❋

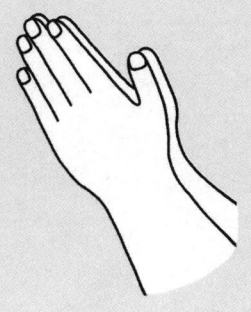

◐ 그, 그 소원이 이뤄지면
내가 곤란해져요… (((;˙д˙)))

왜 곤란해진다는 거죠? 🔵🔵🔵

○ 누구도 걸을 수 없는, 아주 드문 인생을
만끽하고 있기 때문이죠! (*^_°) b

지금 막 출장에서 돌아왔다. 무슨 일인지 내 방에 양동이가 한 자리를 차지하고 있다. 그 안을 들여다보니 작고 빨간 금붕어가 네 마리나 있다. 네 살 난 큰아들이 양동이를 들여다보며 이렇게 말한다. "오늘 있잖아, 내가 축제에서 상품으로 받아온 거야. 내가 이렇게 웃으면 말이야, 금붕어도 이렇게 씩 하고 웃어준다~!"
"그렇구나. 내일 우리 어항 사러 가자."

오토다케의 인생 문답

1판 1쇄 인쇄 2013년 3월 15일
1판 1쇄 발행 2013년 3월 20일

지은이 | 오토다케 히로타다
옮긴이 | 박은희
발행인 | 곽철식
발행처 | 다온북스

출판등록 | 2011년 8월 18일 제110-92-16385호
주소 | 서울시 은평구 갈현동 327-132 윤성빌라 301호
전화 | 070-7516-2069   팩스 | 02-332-7741

출력 | 안문화사
종이 | 한솔PNS(주)
인쇄·제본 | 영신CTP

값 12,000원
ISBN 978-89-967847-6-0 (13320)

* 잘못되거나 파손된 책은 구입하신 서점에서 교환해 드립니다.